◆ダイヤモン

とにかくお腹だ　せたい！ 1日1分、お腹やせ集中プログラム

お腹が出る原因は「運動不足」や「食べすぎ」じゃなかった！　お腹を引っ込める筋肉を「使えていない」または「使っていない」だけ。好きなものを食べてもやせる！　運動いらず、リバウンドなし！　腰痛、猫背などの不調も改善！　だから、ラクにすぐに結果が出る！　その手段とは？

1日1分で腹が凹む

4万人がラクに結果を出した
最高に合理的なダイエットの正解

運動指導士　植森美緒［著］

●四六判並製●定価（本体1200円+税）

http://www.diamond.co.jp/

［著者］
植森美緒（うえもり・みお）
健康運動指導士・ドローインの第一人者。1965年生まれ。ダイエットに10年間失敗し続け、無理な運動で腰を痛めた経験を持つ。「日常動作を変えれば人生が変わる！」をモットーに、生活の中で無理なく行えるダイエット・健康法を提唱。自らもそれを実践し、腰痛を克服。ウエストサイズ58センチの体型を維持している。カルチャースクール、専門学校、整形外科、自治体、健康保険組合、企業、女性誌、テレビなど多彩なステージで活動を重ねる。その場で効果を実感できるセミナーが好評で、直接指導した人数は４万人超。著書に『１日１分で腹が凹む 4万人がラクに結果を出した最高に合理的なダイエットの正解』（ダイヤモンド社）など、ベストセラーも多数。

［監修者］
金岡恒治（かねおか・こうじ）
早稲田大学スポーツ科学学術院教授・スポーツドクター。筑波大学整形外科講師を務めた後に、2007年から早稲田大学でスポーツ医学の教育、腰痛運動療法の研究にたずさわり、体幹深部筋研究の第一人者。2021年からSpine Conditioning Stationにて運動療法を実践している。シドニー、アテネ、北京五輪の水泳チームドクターを務め、ロンドン五輪のJOC本部ドクター。資格・委員等：日本整形外科学会専門医、JSPOスポーツドクター、日本水泳連盟参与・医事委員、JSPOアスレティックトレーナー部会員ほか。著書に『脊柱管狭窄症どんどんよくなる！劇的１ポーズ大全』（文響社）など多数。

生きてるだけで、自然とやせる！
やせる日常動作大図鑑

2023年６月27日　第１刷発行

著　者――植森美緒
監修者――金岡恒治
発行所――ダイヤモンド社
〒150-8409　東京都渋谷区神宮前6-12-17
https://www.diamond.co.jp/
電話／03･5778･7233（編集）　03･5778･7240（販売）
カバーデザイン―小口翔平＋須貝美咲（tobufune）
イラスト――中村知史
撮影――赤石仁
ヘアメイク――山崎由里子
本文デザイン・DTP―今井佳代
DTP協力――道倉健二郎（Office STRADA）
校正――鷗来堂
製作進行――ダイヤモンド・グラフィック社
印刷・製本――三松堂
編集協力――星野由香里
編集担当――中村直子

ISBN 978-4-478-11819-1

生きてるだけで、
自然とやせる！

やせる日常動作大図鑑

著　植森美緒
健康運動指導士

監修　金岡恒治
早稲田大学
スポーツ科学学術院教授
スポーツドクター

ダイヤモンド社

やせる日常動作って、いったい何？

生きてるだけで、自然とやせるってホントなの!?

たとえば朝起きたとき、両手をグーにして上げ、「ん〜っ」って伸びをすること、ありますよね。

このなんでもない日常動作だって、**お腹が締まる角度に伸びるだけで、お腹の筋肉に刺激を与えることができます**。大きな筋肉が動くので、**カロリーもちょっと多く消費します**。たとえ数秒でも続けていれば、**しだいにお腹が引き締まります**。これならできると思いませんか？

スタイルのいい人、食べても太らない人は、こういう動作をこっそりやっている人です。だから「そんなの気にしたこともなかった！」という人は、**いまが人生の転機です**。どんなダイエットも、生活をもとに戻したとたんにリバウンドが始まります。だからもう、ダイエットはやめません？

この本では、あなたの日常動作を「やせる日常動作」に変える方法を、日常のシーンごとに紹介します。**全部やる必要はありませんよ！**　あなたが気に入ったもの、がんばらなくてもできそうなものだけでＯＫです。**ひとつでも身についたら、体は確実に変わりますから。**

一目瞭然！よく使うところは、脂肪が少ないんです

さて、ここで気になるのは、どんな動作がいいかですよね。正解は**「やせたい部分に力を入れる」**です。やせたい部分は下腹だったり、太ももだったり、二の腕だったりすると思います。なぜそうなるかというと、人によって動作のくせが違って、その人が**あまり使っていない部位には脂肪がつきやすく、よく使う部位には脂肪がつきにくい**からなんです。

「やせたい部分に力を入れる動作」は「カロリー消費を増やす動作」でもあります。普段のルーティンに「やせる日常動作」を組み込んで、生きてるだけで、自然とやせる体になろうじゃありませんか！

動物の脂肪の分布（つき方）を分析してみましょう。普段からよく使うところは脂肪が少なく、あまり使っていないところほど脂肪が多いことがわかります。

●ササミ、ヒレ肉
いわゆるインナーマッスル。体を支える筋肉なので、立っているときはつねに使われ、力が入っています。脂肪はほとんどありません。

●鶏ムネ肉
羽をバタつかせるときに使うのがムネ肉。モモ肉よりも低脂肪。

●バラ肉
ヒトも動物もお腹回りにいちばん脂肪が多いですね。胴体はおもに背骨や背筋で支えているので、背中側はお腹に比べると脂肪が少ないです。お腹回りは、手足と比べても動かすことが少ないので脂肪が多いです。日常的に筋肉が使われないところほど、脂肪がたまることがわかります。

「やせる日常動作で部分やせ！　リバウンド卒業！

もうダイエットしたくないあなたへ」

がんばっても、やせないのはなぜ？

✕ 食事制限しても、やせたいところがやせられない！

食事でやせるのはある意味、手っ取り早いです。ところが体重は減ったとしても、二の腕、下腹、太ももと、気になるところのお肉ほど落ちてくれない！　それどころか胸やお尻がたれるわ、顔には小じわまで出現……というケースが後を絶ちません。

✕ 有酸素運動が続けられない！

毎日ウォーキングをして少しやせたけど、体重が減らなくなってモチベーションが保てずに挫折。そうしたらあっという間に体重も元通り。せっかく健康的にやせたかったのに……というのはよくある話。つらいことを続けるのは難しいです。

✕ 筋トレをがんばっても、細くならない！

筋トレしても脂肪が減らないまま筋肉がつき、ちっとも細くならない。代謝が上がってやせるというけどなかなか実感できない。

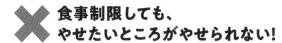

がんばらなくても、やせるのはなぜ?

狙い通りの成果が出るからやめられない!

本書では、自分の狙い通りの成果を出せるように、部位別に目的を解説しながら部分やせ動作を紹介しています。やせたいのはお腹全体なのか、部分 (脇腹 · 下腹) なのか。さらに、どのようにしたいのか。たとえば同じ下腹ぽっこりでも、やせているのに形として出ているのか、脂肪を落としたいのかなど、目的によって力の入れ方を調整します。行ったなりの成果が出るから、やめろと言われてもやめたくなくなります。

リバウンドするはずがない!

何をしてやせるにせよ、ダイエットを終了してしまえばどんな成果も保つことはできません。日常の生活動作を無理のないところで変えて習慣化すると、自然にやせるのでリバウンドの不安を感じることなく、体型をキープできます。

コスパ&タイパ最高!

食事を変えるのはストレスになりがちだし、わざわざ運動するには時間や気力が必要。その点、日常動作なら、がんばらなくてもマイペースで行えます。ジムに行く時間やお金も節約できて、コスト＆タイムパフォーマンス的に、とってもお得なのです。

「またダイエットしてるの?」と言われない!

こっそりできる日常動作を数多く紹介。人に知られずにすむので、気兼ねなくマイペースで行えます。若い頃にダイエットに失敗してばかりで妹から笑われた著者が、「またダイエットしてるの？」と言われずにすむメリットを重視。人目を気にせずできるのもリバウンドと無縁の理由です。

わざわざ運動しなくても、消費カロリーはアップできる
忙しくてもあきらめなくてOK！

忙しいとつい体のことは後回しになりますよね。やるべきことや、やりたいことを全部やったら、とても運動する時間なんてとれない！　わかります。そんな忙しい人にこそ「やせる日常動作」がおすすめです。

そもそも時間をとって運動しなくても、私たちは日常動作で意外とカロリーを消費しています。そして、その日常動作の仕方をちょっと工夫するだけで、時間をかけなくても、消費カロリーは増やせるんです。

「メッツ（METS）」という指標をご存じでしょうか。運動や身体活動の強度をあらわす数値で、安静時（静かに座っている状態）を1として何倍のエネルギーを消費するかを示すものです。

左の表で注目してほしいのが「ドローイン歩行」。ドローイン歩行とは、背すじを伸ばしてお腹を大きく凹ませた状態で歩く歩き方のことです。これがなんと、同じ速度で普通に歩くのとくらべて、消費カロリーが1・4倍にも上がるというわけです。

このデータを日常動作に当てはめて考えてみると、背すじを伸ばしてお腹を凹ませた状態で家事をすると、普通に家事をするより消費カロリーが1・4倍になるかもという仮説が立ちます。

すべての動作のメッツを測ることは難しく、数値として鵜呑みにすることはできないのですが、消費カロリーが増えることは確かです。

メッツ値一覧表

1	安静時
1.3	座ってテレビを見る　横になって読書
1.5	入浴
1.8	立って会話　立って読書　皿洗い
2	歩行（3.2km/時未満）　座位での軽作業　洗濯ものを干す　料理の準備
2.3	ストレッチ（ゆったり）　買い物　バランス運動　ガーデニング
2.5	日常の軽作業　ヨガ（ハタヨガ）
2.8	いろいろな家事を同時にこなす（楽な労力）　軽めの筋トレ
3	歩行（4.0km/時）　電動アシスト自転車　ダンス（ゆっくり）　ピラティス 子どもの世話（立位）
3.3	掃除機
3.5	歩行（4.5〜5.1km/時）　楽に自転車に乗る　階段を下りる　庭の草むしり いろいろな家事を同時にこなす（ほどほどの労力）
4	ゆっくりと階段をのぼる　パワーヨガ　高齢者の介護（入浴介助等）
4.3	歩行（5.6km/時やや早め）　いろいろな家事を同時にこなす（きつい労力）
4.9	ドローイン歩行（4.7km/時）
5	バレエ　ダンス　エアロビクス（低強度）　歩行（6.4km/時かなり速歩）
6	ゆったりとしたランニング（6.4km/時） 水泳（のんびり泳ぐ）ウェイトトレーニング（高強度）
7.3	エアロビクス（高強度）
8	自転車（20km/時）
8.8	速く階段をのぼる
10	水泳（速いクロール69m/分）

メッツ値を利用した消費カロリー算出方法

※個人差があり推定値

体重（kg）×メッツ値×実施時間（1時間）×1.05
＝1時間で消費するカロリー

例 体重が60kgの人が3メッツで1時間歩く

60（kg）×3（メッツ）×1（時間）×1.05＝189キロカロリー ← 1時間で消費するカロリー

出典：厚生労働省・（独）国立健康・栄養研究所・『30秒ドローイン！ 腹を凹ます最強メソッド』（高橋書店）

せっかくやるなら効率アップ！
「やせる日常動作のトリセツ」

1 お腹と背中の力を味方につけよう！

「生きてるだけで、自然とやせる」には、日常動作のなかで、より効率よく筋肉を刺激する必要があります。

それにはちゃっかり、体幹を味方につけちゃいましょう！　体幹とは、ざっくりいうと胴体の大きな筋肉群で、おもにお腹と背中の筋肉を指します。

この本では、たとえば二の腕や脚など、お腹や背中から離れた部分のための動作でも、「背中をまっすぐに」「お腹を引っ込める」とするものがあります。

それは、お腹と背中の筋肉が全身につながっていて、体のいろんな場所を刺激するお手伝いをしてくれるからなんです。よりラクに効果的にやせたい部分を刺激できるので、「急がば回れ」の精神でやってみてください。

2 なりたい形に応じた動作を選ぼう！

たとえば、ヒップアップしたいか、お尻を小さくしたいかによって、効果的な筋肉の使い方が変わります。

あなたの目的にあった動作を選びましょう。

3 強めか弱めか？ 時間や回数は自由でOK

体にハリを出したい、形を変えたい場合は、強めに力を入れます。

脂肪を落としたい場合は、力は弱めでいいので、時間を長く行うと効果的です。

各ページに表記してある時間は目安です。1回で終わるもよし、何回かくり返すもよし。回数は自由です。

4 行うシーンなどはアレンジOK

シーン別に紹介している動作は、ほかのシーンでも行えるものが多くあります。少しでも早く成果を出したい場合や、体の変化を感じられなくなった場合など、お気に入りの動作をほかの生活の場面で行うのもおすすめ。新しい動作をプラスするのも一案です。

5 その日の体調や都合を重視して調整しよう！

ご紹介している動作は、軽いものから、見た目よりきつめのものもあります。体調がいまひとつと感じるときや、体に痛みを感じるときなどは、無理はせずにお休みしてください。たとえ何日休もうと、再開すれば元に戻せるので心配はいりません。その日の体調でどのくらい行うかなども加減できるようになれば、「やせる日常動作の達人」です。やめないことだけを目標に、コツコツと理想の体づくりの道を進んでください。

三日坊主でも気にしない！「やせる日常動作」が続くコツ

絶対続ける！と決めたのに、ついやり忘れてしまうあるある

新しい習慣を根付かせるには、すでに習慣づいていることにつけ加えるのがもっとも賢い方法。たとえば、毎日の歯みがきという習慣と一緒に行うと決めると、忘れにくくて習慣にしやすいということです。

また、**うっかり忘れ防止にグッズを活用するのもとてもおすすめ。**私はトイレの中でフェイスエクササイズなどをいろいろ行っていますので、トイレに座ったときに顔だけ映る鏡を壁に設置しています。そのときに気分を上げるために、お気に入りのマスコットを目に入る位置に置いています。

日々いろいろなことがありますし、**やる気はあっても忘れてしまうのはむしろ当たり前。**何かを習慣にするのに時間がかかるのは無理もありません。動作を毎日忘れずに行うことより、短気を起こさないで、あせらず習慣にすることを目標にしましょう。

やめてしまうほど、もったいないことはない

日常動作を変えることはけっして義務じゃなく、**人生を楽しむための体づくり。**1週間試してやめてしまうことほ

ど、もったいないことはありません。

体調によってお休みしたり、お気に入りの動作を行うシーンを変えたり、新しい動作を試してみたり。新しい化粧品や洋服を使い始めるときのように、**小さなワクワクを感じながら行っていきたいところ。**

継続は美ボディなり！です。

体重より、まず見た目が大事！勇気を振り絞って、写真を撮っておこう

ぜひ、スマホで気になるところの写真を撮って（自撮りでOK）、サイズを測っておきましょう。

脂肪が減ると体重も減るイメージがありますが、脂肪は水分や筋肉に比べるとずっと軽いので、脂肪が明らかに減っているのに体重は変わらないことがよくあります。体重ではなく、体のラインなど、**見た目で成果を評価していくと、効果が可視化できて励みになります。**

ちなみに私自身のことですが……。いろいろと余裕がなく、二の腕のことを1年以上も忘れていたときのこと。写真を撮ってもらう機会があったのですが、前にはなかった脂肪が二の腕に写っているのを発見！「げっ！」と激しくショックを受けたことがありました。

それから一念発起して、日常動作に二の腕を引き締める動きを組み込んでコツコツ続けたら、すぐに変化し始め、半年くらいでほぼ元に戻りました。

歯みがきを怠っていれば、口臭がしたり虫歯ができたりするように、体には日常が反映されるのですね。体は本当に正直だなぁと改めて思ったのでした。

細いけど、細いだけじゃない！
「人生を楽しむためのしなやかで長持ちする体づくり」

「いつになったらやせられるんだろう？」

昔、10年間もダイエットに失敗し続けていたころ、私はそんなことばかり考えていました。

もし今、あなたが昔の私と同じように感じているとしたら、ダイエットという名の迷路から抜け出すことです。私が道先案内人になります。

体型に悩む方々に私がお伝えしたいのは、週に1回ほどの「運動」よりも、日々、くり返す「日常動作」のほうが体型を細くする効果が高いということです。そして、普段の動作ひとつで、食事制限や筋トレではできない「部分やせ」が可能ということです。

はじめまして、健康運動指導士の植森美緒です。

「私はもう30年以上、ウエストサイズ58㎝（身長163㎝、体重46㎏）をキープしています」

そんな話をすると、皆さんは私がストイックに運動や食事制限を行っているか、昔から太らない体質なのだろうと思われるようです。

でも実際の私は運動が苦手で、若いころはずっとぽっちゃりしていて、妹から「美緒ブタちゃん」と呼ばれていました（泣）。そんな私がどうして今の体型に変わったのか、自己紹介を兼ねてご説明します。

ダイエットで失敗をくり返した青春時代

私は、中学3年生のころからずっと、細いジーンズに憧れてさまざまなダイエットに挑戦しては、失敗をくり返していました。体重は最大64㎏まで増え、ダイエットにつぎこんだお金も高額で思い出すのが恐ろしいくらいです。

22歳のとき、「スポーツトレーナーになればやせられる！」と思いたち、会社員時代の貯金をはたいて専門学校に通い、スポーツクラブに転職しました。

ところがなんと、筋トレしてもたくましくなるばかりで一向に細くなりません。それどころか運動しすぎたせいで歩けないほどひどく腰を痛めてしまい、情けなくてすごく落ち込みました。

18歳のころ

ターニングポイントは自前コルセット

ところが、このときに使った腰痛用のコルセットがターニングポイントにつながったのです。「いつまでもコルセットに頼っていると腰痛が再発しやすいのかも——」と感じた私は、コルセットをはずし、代わりにコルセットをつけているときのようにお腹を締めておくことにしました。そうしたらなんと、いつの間にかジャージのウエストが少しゆるくなり、少しですがウエストが細くなったのです！「きつい腹筋運動をいくら行ってもダメだったお腹が、普段引っ込めていただけで凹んだ」というのは驚きでした。

このとき、「**筋肉には形状記憶する性質がある**」と気がついた私は、以来、スタイルをよくする日常動作を実践しながら研究してきました。そして細いだけではなく、しなやかで長持ちする体を目指して腰痛も克服。70㎝以上あったウエストは58㎝まで細くなり、30年以上もリバウンドすることなくキープしています。

体型を変えるのは、よくも悪くも普段の動作だった！

生活が変わったことで、知らず知らずに日常動作が変わり、そのせいで望まない方向に体型が変わってしまうことはまったくめずらしい話ではありません。

「引っ越しして、自転車で山坂を上るようになったら**太ももが太くなった**」
「健康のためにとスポーツタイプの自転車で通勤を始めたら、**いつの間にか前より猫背になった**」
「ウエストがゴムの服ばかり着るようになったら、体重は変わらないのに**ウエストが肥大化した**」など。

逆に、私が直接ご指導した方から、こんな驚きのエピソードもいただいています。
「毎日1時間もウォーキングしてもダメで、ヨガやピラティス、食事にも気をつけたけれど凹んでくれなかった下腹が、歩き方を変えただけでウソのようにペタンコになり、お尻の形もきれいになった」という40代の女性。「洗濯機の脱水を待つ数分間、小尻になる動作を行っていたら2サイズ近くダウン。『こんなに大きかったっけ？』というくらいズボンがゆるくなった」という60代の女性。

わかっていただけたでしょうか。

体型を変えるには、日常動作を自分の目指す体型に合った動きに変えること。それを生活の中でくり返し、習慣にするだけでよいのです。

4万人のダイエットを成功させた合理的な方法

本書では、私が昔行っていた動作から現在行っている動作、人に勧めて結果が出た動作まで、幅広くご紹介しています。私のカルチャースクールの講座などで4万人が実践し、「参加者の9割が当日にサイズがダウンした！」と評判をよんだ「速効サイズダウン！　植森式部分やせ講座」の手法がベースになっています。筋肉の使い方次第で**サイズはすんなり細くすることができ**、それを続けることで**脂肪も落ちていきます。**

私は若いころよりもずっと、のびやかな気持ちと体で毎日を過ごせるようになりました。日常動作ならお金はもちろん、時間も気力も必要ないし、やらないなんてほんと、もったいなさすぎです。ぜひあなたにも、**ダイエットの苦労や運動不足を後ろめたく思う気持ちから解放**される喜びを、味わっていただきたいと思います。

今日から、コツコツ、こっそり、「やせる日常動作」をご一緒に始めてみませんか？

生きてるだけで、自然とやせる！
やせる日常動作大図鑑

Contents

第2章
家事のルーティンに組み込むやせる日常動作

第3章
仕事のルーティンに組み込むやせる日常動作

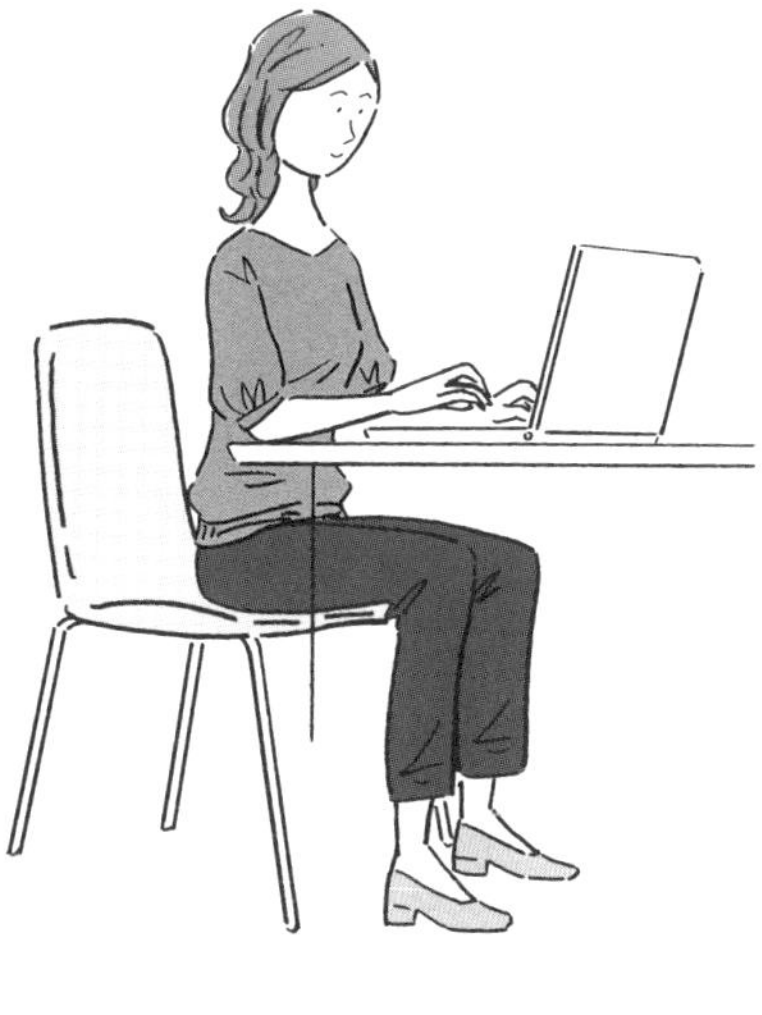

第4章
休憩 のルーティンに組み込む やせる日常動作

第5章
外出 のルーティンに組み込む やせる日常動作

第6章 テレビを見ながらやせる日常動作

第7章 夜のルーティンに組み込むやせる日常動作

本書の見方

お腹全体　背中全体　二の腕　太もも内側 etc.

運動効果のある部位を表しています。

弱　中　強　運動強度を表しています。

弱 …… 楽ちんレベル
つらさゼロの動作。長めに、またはこまめに行う。
基本的に脂肪燃焼向き。

中 …… そこそこレベル
力を強く入れるとボディデザイン向き動作。
長く行うと脂肪燃焼向きに。自分の目的に合わせて調整しよう。

強 …… がんばるぞレベル
全身の筋肉を刺激する動作。
これひとつ行うだけで効率よくスタイルアップできる。

第1章

朝

のルーティンに組み込む

やせる日常動作

寝起きにどうせ「伸び」をするなら！

夜明けのお腹やせ呼吸

お腹
全体

10秒 中

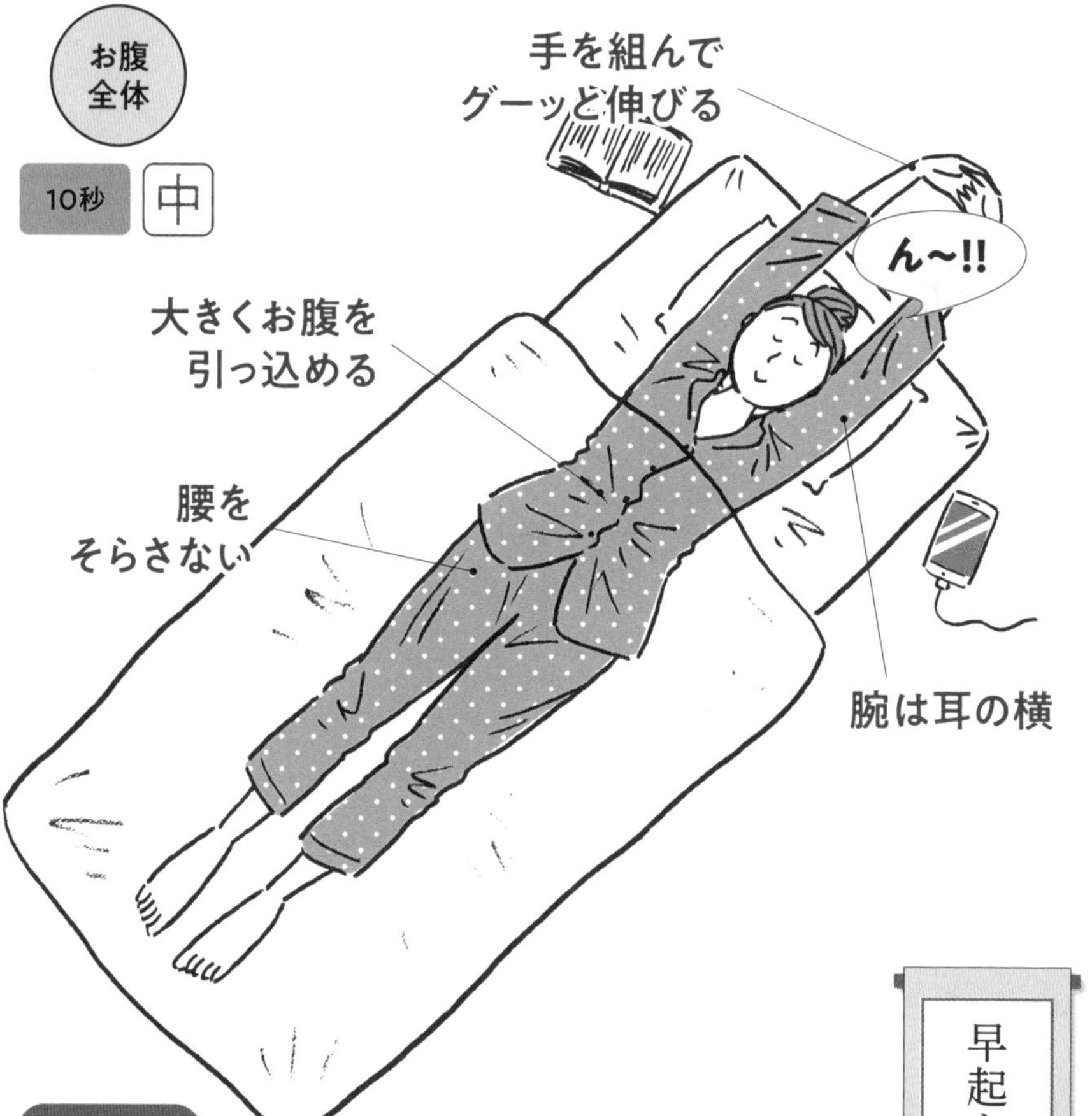

手を組んで
グーッと伸びる
ん～!!
大きくお腹を
引っ込める
腰を
そらさない
腕は耳の横

早起きは3センチの徳

やせるポイント！

「え！ 朝は体が動かないー！！」というアナタ！
お腹のたるみに効果絶大ですよー！！

朝起きたとき、腕とつま先で引っ張り合うように伸びをしてお腹を凹ませる動作は、お腹のたるみに効果大！　伸びたあとに「あー、よく寝た！」と口に出して言ってみてください。不思議と寝起きがラクになるから、寝起きが悪い人にこそおすすめです。

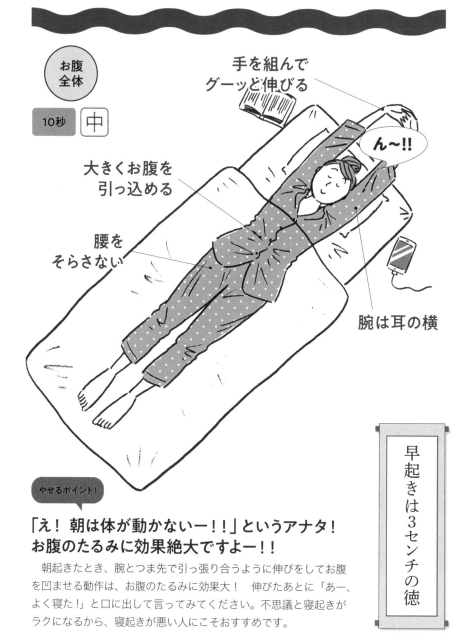

これでもOK！

脇腹を引っ込めると くびれ作りだけでなく 腰回りによく効く！

立てたひざを倒して伸びをしながら脇腹を中心にお腹を引っ込めます。くびれ目的だけでなく、腰回りを引き締めたい人や腰に疲れがたまりやすい人にもおすすめ。

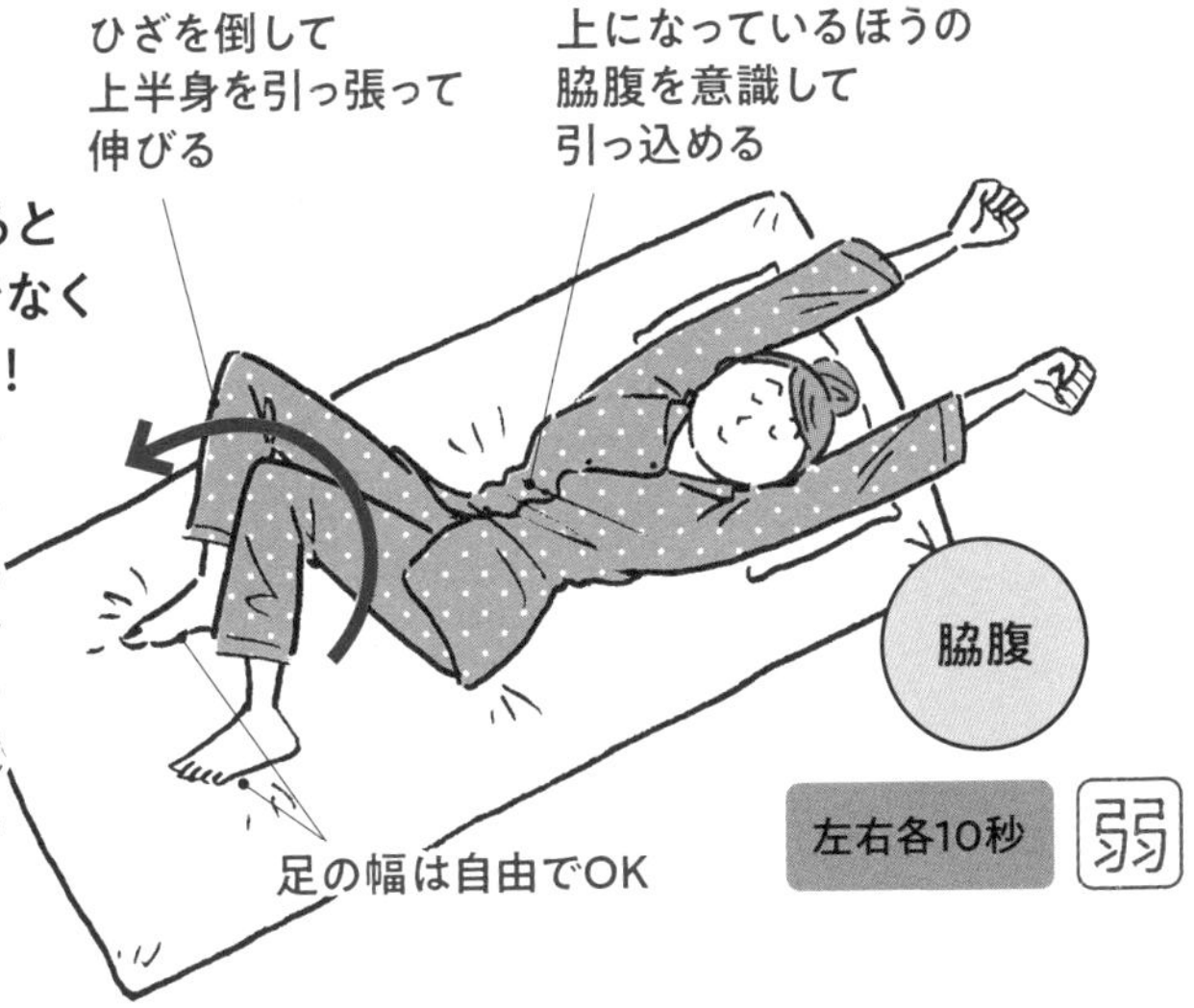
ひざを倒して
上半身を引っ張って
伸びる
上になっているほうの
脇腹を意識して
引っ込める
脇腹
左右各10秒
弱
足の幅は自由でOK

ここに注意!

勢いにまかせて伸びないように

凹んだお腹になるためには、勢いにまかせて伸びるのではなく、丁寧に「まっすぐに伸びる」ことを意識しましょう。お腹が突き出て腰がそっていたり、腕が真上に伸びていないと効果が下がります。

耳の横より
前になっている
腰がそっている

横になったまま行うことでラクに動ける

「背すじを伸ばしてお腹を引っ込める」と口で言うのは簡単だけれど、はじめからできている人は少ないものです。「後ろにそってしまってお腹に力が入らない！」のもあるあるです。

でもその点、寝て行うと重力が助けてくれるので、腕が上げやすく、お腹を引っ込めやすくなります。

肩関節が固いなどの姿勢のクセ直しにもよいです。ラクにまっすぐ伸びることができるようになりますよ。

背中がしっかり伸びたという筋肉刺激が脳に伝わると、「今、元気！」と脳が錯覚することが研究で明らかになっています。ぜひお試しを！

寝ている間に猫のようにまるまった体に活！

布団で㊙バストアップ術

胸　背中上部

10秒　中

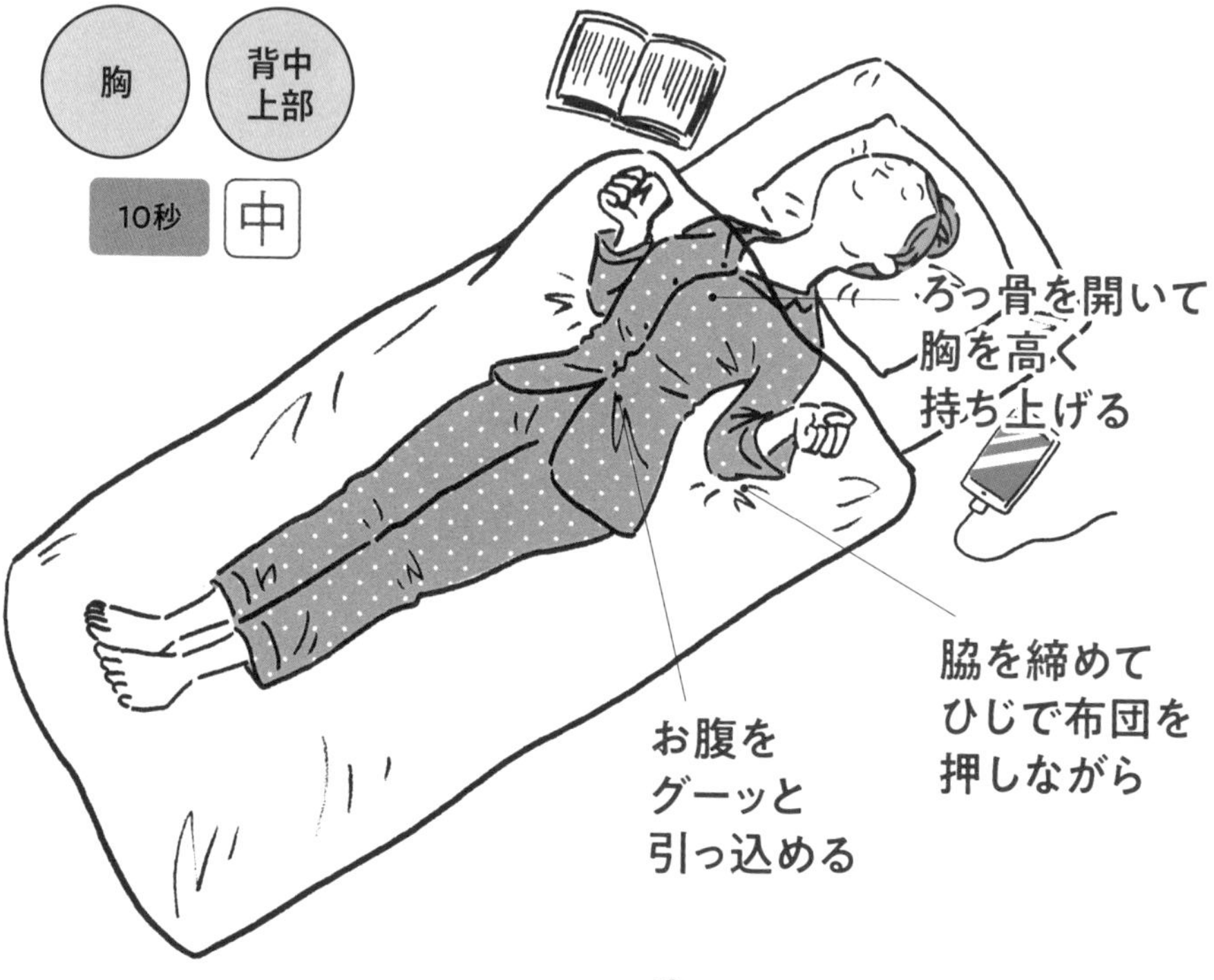
ろっ骨を開いて
胸を高く
持ち上げる
脇を締めて
ひじで布団を
押しながら
お腹を
グーッと
引っ込める

たれるほど胸があるのは
逆にうらやましきかな

やせるポイント！

巻き肩改善でバストアップ！

布団をひじで押しながら胸を高く持ち上げます。この動作では肩甲骨付近の筋肉を鍛えることができます。年とともに肩を引く力が弱くなると巻き肩気味になり、お腹がゆるんで前に出てしまうので、背中を鍛えて、ついでにバストアップしちゃいましょう！

これでもOK！

ひじと手で押せばラクにできる

胸　背中上部

10秒　弱

背中の力が弱いと右ページの動作はつらいと感じやすくなります。ひじをつく位置によって強度を変えられるので、自分にとって無理なくできるところで行いましょう。

脇を締めずに
腕を開いてひじをつく
ひじと手のひらで
布団を押して
胸を持ち上げる

効果アップ！

脚を上げれば下腹ぽっこりに効く！

胸　背中全体　下腹

10秒　強

右ページの体勢から、さらに脚を持ち上げて背中から下腹に効かせる動作。きつければ片脚ずつ持ち上げるのでもOKです。腰に負担を感じるようなら無理をしないでくださいね。

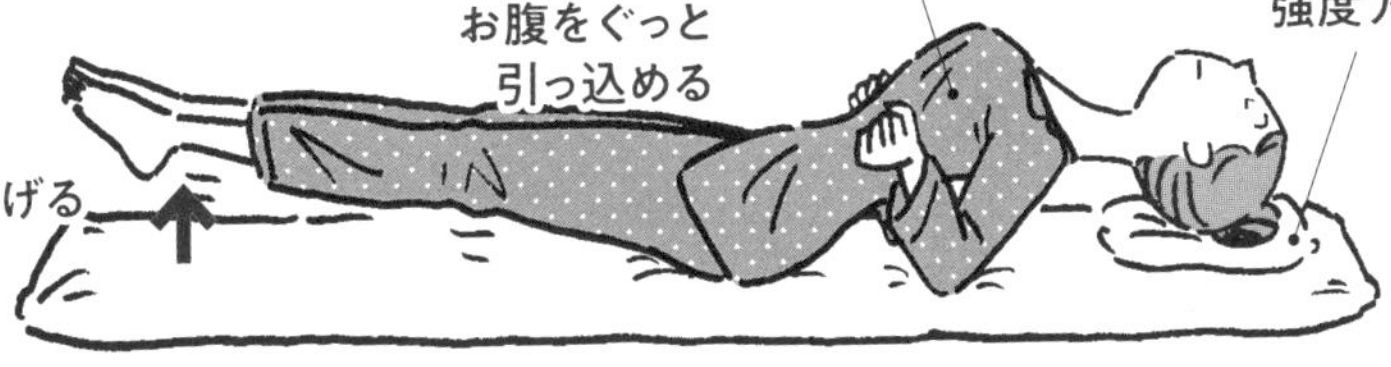
ひじをついて
胸を突き出しながら
枕をはずすと
さらに
強度アップ
お腹をぐっと
引っ込める
両脚を
持ち上げる

常識にとらわれず逆発想でラクに！

バストアップするにはふたつのアプローチがあります。ひとつはバストのつけ根を中心に胸の筋肉を鍛える、もうひとつは後ろからバストを引き上げる背中の筋肉を鍛える方法です。

バストアップには腕立て伏せで胸の筋肉を鍛えるのが一般的ですが、私は背中からアプローチするほうが効果が高いと思っています。背中の筋肉を上手に使うことは、お腹やせはもちろん、姿勢の改善、ひいては肩こりがよくなるなど、メリットが多いです。ここで紹介しているバストアップ目的の動作がきついと感じる場合は、ほかのシーンでも紹介している中からきつくないものを選んでくださいね。

毎食後にチャンスあり！

猫背は歯みがきで治す

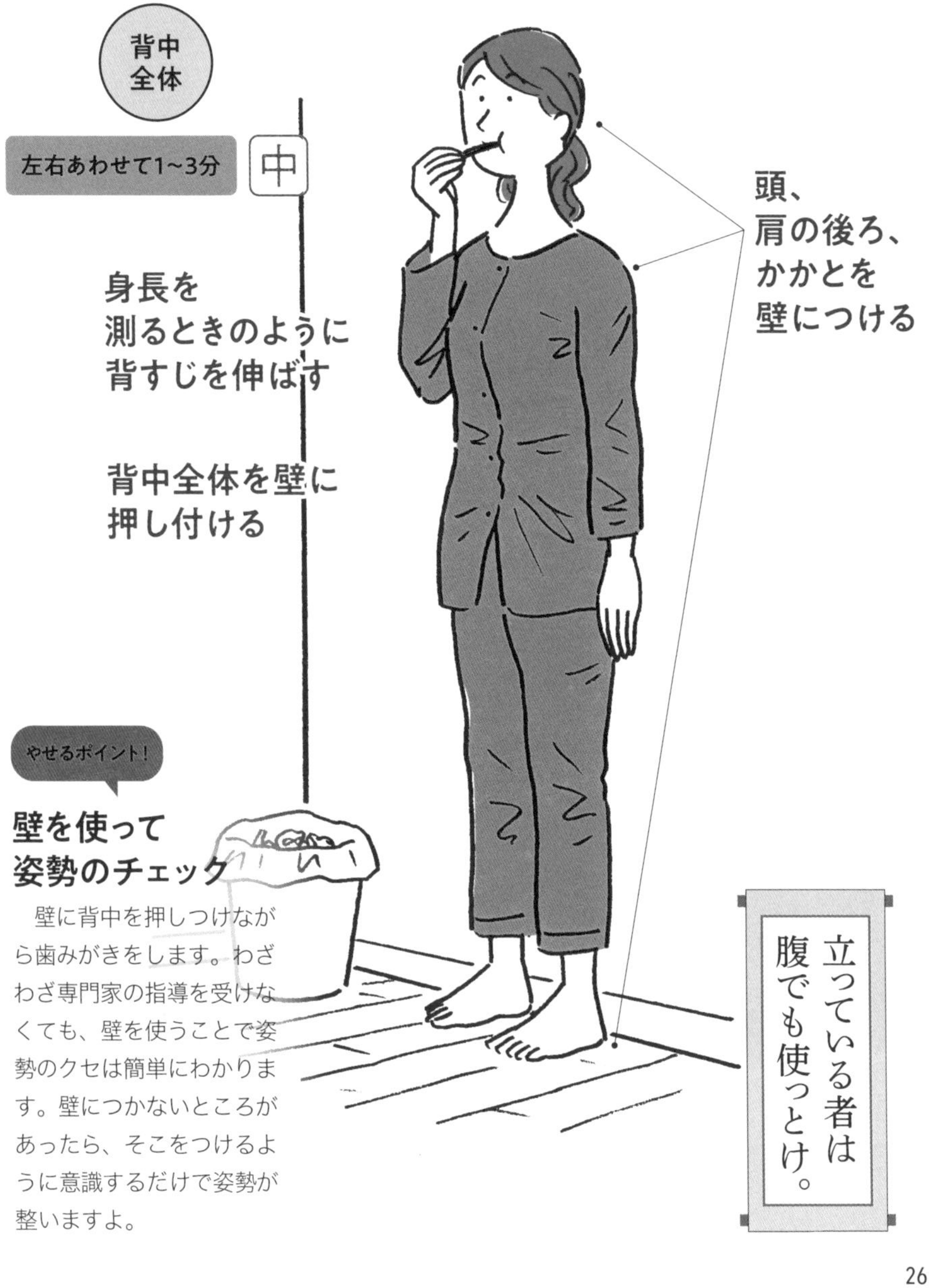
背中
全体
左右あわせて1〜3分
中
身長を
測るときのように
背すじを伸ばす
背中全体を壁に
押し付ける
頭、
肩の後ろ、
かかとを
壁につける
立っている者は腹でも使っとけ。

やせるポイント！

壁を使って姿勢のチェック

　壁に背中を押しつけながら歯みがきをします。わざわざ専門家の指導を受けなくても、壁を使うことで姿勢のクセは簡単にわかります。壁につかないところがあったら、そこをつけるように意識するだけで姿勢が整いますよ。

効果アップ！

素知らぬ顔で気になるお腹を狙い撃ち!

歯ブラシを持っていない側のひじで壁を押しながらお腹をギューッと引っ込めます。地味だけど、これひとつを習慣にするだけで今より姿勢もスタイルもよくなること請け合いです。

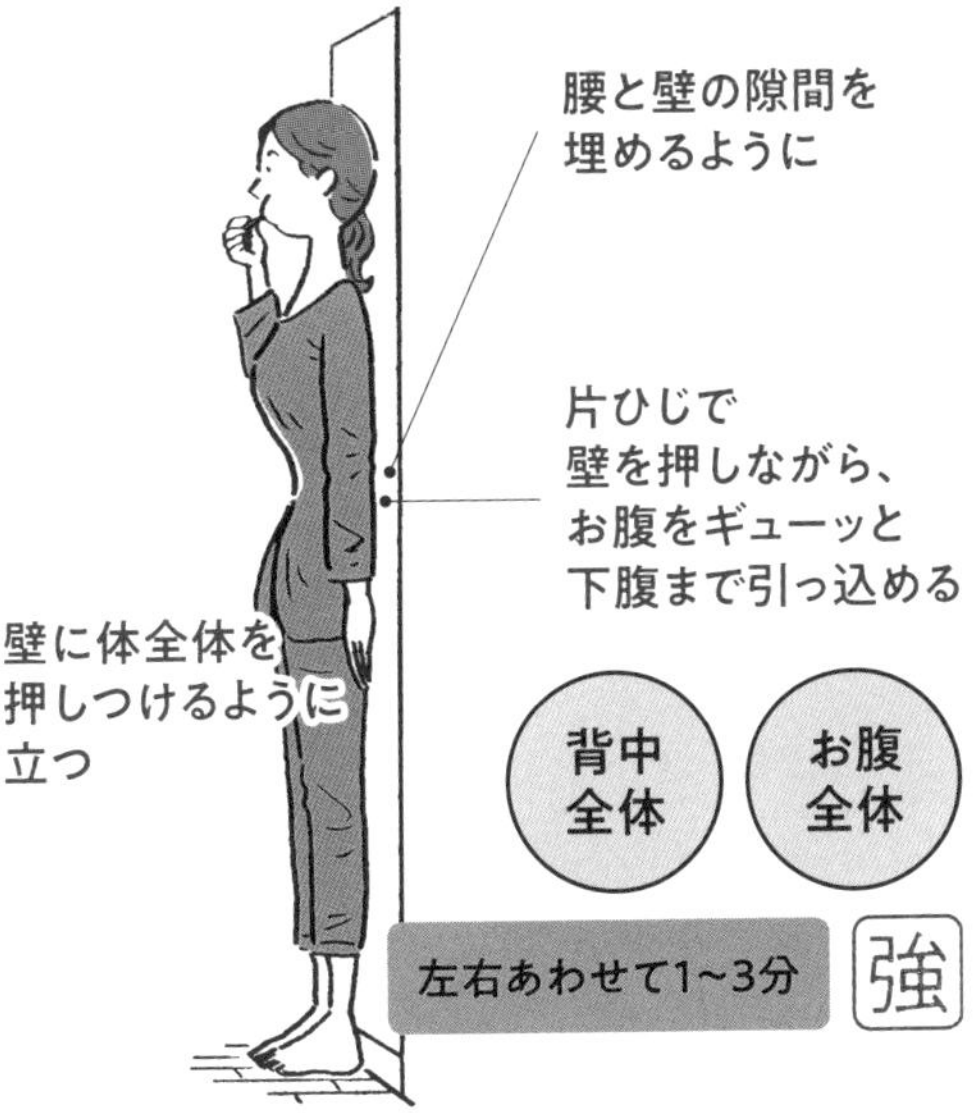
腰と壁の隙間を
埋めるように
片ひじで
壁を押しながら、
お腹をギューッと
下腹まで引っ込める
壁に体全体を
押しつけるように
立つ
背中
全体
お腹
全体
左右あわせて1~3分
強

ここに注意!

もったいないパターンはこれだ！

壁を押すことに気を取られ、頭や肩の後ろが壁から離れてしまうことが多いです。ひじで押すと肩にばかり力が入ってしまう場合は、肩の後ろ〜腕の後ろ側を壁に押しつけてみてください。

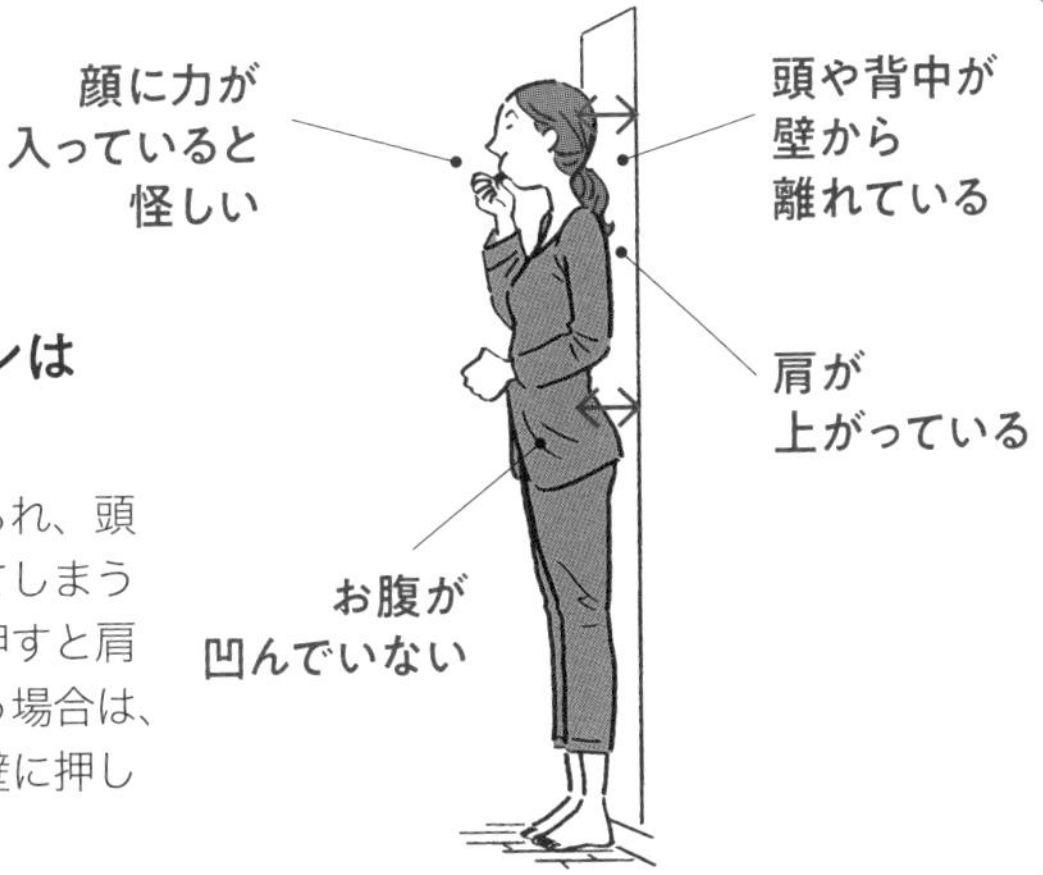
顔に力が
入っていると
怪しい
頭や背中が
壁から
離れている
肩が
上がっている
お腹が
凹んでいない

壁があればいつでもどこでもできる！

この動作のおすすめポイントは、壁があればどこでもできる点。

ぜひ、1回は試してみてください！　真っ先につらくなってくるところがあるはずで、そこが自分の弱点です。

まっすぐに立てない、保てない、ということは姿勢にかかわる筋力が衰えている証拠で、遅かれ早かれ関節に負担がかかります。

頭や背中が壁につかない、またはつけているとつらい人は、気づいた今がチャンスです。

肩こり、腰痛のない10年後にも元気な自分をイメージし、体のメンテナンスをかねて取り入れてください。

もう腕立て伏せはしなくていい！

振《ふり》袖《そで》肉は歯みがきで撃退

二の腕　お腹全体

左右あわせて30秒～3分　中

腕を軽く曲げた状態で体重をかける
洗面台についている手と同じ側の一本足で立つ
脇を締めて手をつく
かかとを浮かせるほど強度アップ
足をもう一方の足にそえる

やせるポイント！

疲れてる？ いえ二の腕やせ中♪

歯をみがきながら左足で立ち、左手を洗面台について腕に体重をかけ、お腹を引っ込めます。

二の腕を引き締めたい場合はきつめの負荷で短めに、脂肪を落としたい場合は弱めの負荷で歯みがきが終わるまで行います。会社など人目がある場所では、普通に両足で立って行ってもOKです。

ノースリーブが流行りませんように

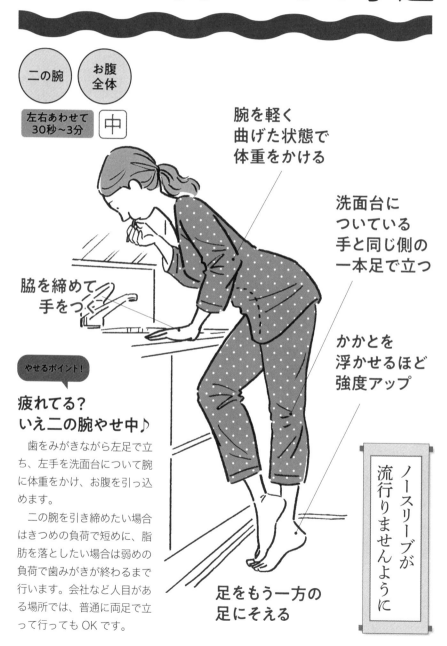

これでもOK！

腕の後ろ側は押す動作で引き締まる！

壁に手をつき、一本足で立って体重をかけます。この動作では、壁から離れるほど負荷が大きくなります。

二の腕　お腹全体

左右あわせて30秒～3分　弱

できれば
お腹も
引っ込める
手をつき、
腕を曲げた状態で
体重をかける、
または押す
壁に対して
横向きで、
壁側ではない
足1本で立つ

効果アップ！

お腹にもきっちり効かせたいならコレ

手をついての歯みがき動作では、手と足の位置が離れるほど強度が上がります。

普段はまったりと壁にもたれて行い、余裕のあるときはこの体勢で行うというのもありです。洗面台が濡れていたりすると手が滑って危険なので気をつけて。

脇を締める
お腹にしっかり
効かせたい場合は
背すじを伸ばす
お腹を下腹まで
グーッと引っ込める

二の腕　お腹全体

左右あわせて30秒～3分　強

歯みがきタイムを有効活用！

歯をちゃんときれいにするには、3分間みがく必要があると言われます。

歯みがきするのには頭はあまり使わないし、この時間を有効活用しない手はない！ということで、私の場合は歯みがきだけを行うということはまずありません。

ここではお腹と二の腕に効かせる動作を強さ別に3種類紹介していますが、歯みがきは毎日のことなので、がんばらずに行えるものをチョイスしてください。

その日の気分で選ぶのもいいし、お腹や二の腕をもっと引き締めたくなったら強めのものに切り替えていくのもよいと思います。

今年こそ水着を着られるかの瀬戸際なら！

下腹は顔を洗って凹ませる

お腹全体

10秒～　中

背中は
丸める
下腹までお腹を
引っ込めて
顔を洗う

洗顔は下腹を救う

やせるポイント！

下腹やせの入門動作！

顔を洗うときにお腹を引っ込めます。この動作には、背すじを伸ばした状態では下腹を引っ込めにくい人でも、下腹を凹ませやすいというメリットがあります。えぐるようにお腹を引っ込めて下腹をしっかり使いましょう。

これでもOK！

腰が痛くてもできる！

　抱え込むように体を洗面台につけ、お腹を引っ込めながら顔を洗うと腰への負担をぐんと小さくできます。少しでもよいからお腹を最後まで引っ込め続けます。

ひざ、お腹、
ひじなど、
体をできるだけ
洗面台につける
腰がつらいときは
この体勢で
片手で洗うとラク
お腹
全体
洗顔中
ずっと
弱

効果アップ！

狙え！　全身やせ

　スクワットのように腰を落とし、お腹を引っ込めながら顔を洗います。この動作では上半身も下半身も使うことができます。足腰の衰えを感じはじめた人にもおすすめです。

胸を張って
お腹を
引っ込める
腰を落とすほど
下半身引き締め効果
アップ
足幅を肩幅よりも
かなり大きく開いて
ふんばる
全身
10秒〜1分
強

腰痛を予防しながらペタンコ下腹に！

　洗顔中にお腹を凹ませておく動作は、お腹やせ目的にとどまらず腰痛の予防にもとても有効。

　お腹を引っ込めると、お腹の出っぱり具合を左右している腹巻状の筋肉がキュッと締まります。自前の筋肉を腰痛用のコルセットのように締めて使うことで、腰痛の予防にもなるというわけです。

　洗顔時の背中を丸めた体勢は、立っているときよりも下腹を引っ込めやすくなります。ご自分の目的によって、無理のない洗顔動作をお選びください。

　私は昔ひどく腰を痛めているので、用心して腰の疲れ具合によって洗顔動作を使い分けています。

やせる人やせない人の
違いとは?
1

目標設定がうまい人 vs へたな人

「○ kg やせるまで絶対に飲み会には参加しない」など、「絶対に○○」といった目標を立てる人はやせない人。正確に言うと、一時的にやせるもののリバウンドをくり返しやすい人です。

目標が明確なのは一見よいのですが、ダイエットでは話が違います。明確なゴールに向かってがんばることは「目標達成 = ゴール」。つまり「ダイエットの終了」となり、リバウンドに折り返すことになるのです。

やせる人は、できそうなことを目標に設定します。「買い物はお腹が減っていないときに行くようにする」「腹８分目を心がける」というように、やせることにつながる行動にフォーカスしているのです。このように簡単なことを積み重ねるほうがリバウンドの心配がなく、結果として大幅にやせることも可能な目標の立て方です。

第2章

家事

のルーティンに組み込む
やせる日常動作

食べる前にカロリー消費しておこう

レンチン中に、背肉も料理！

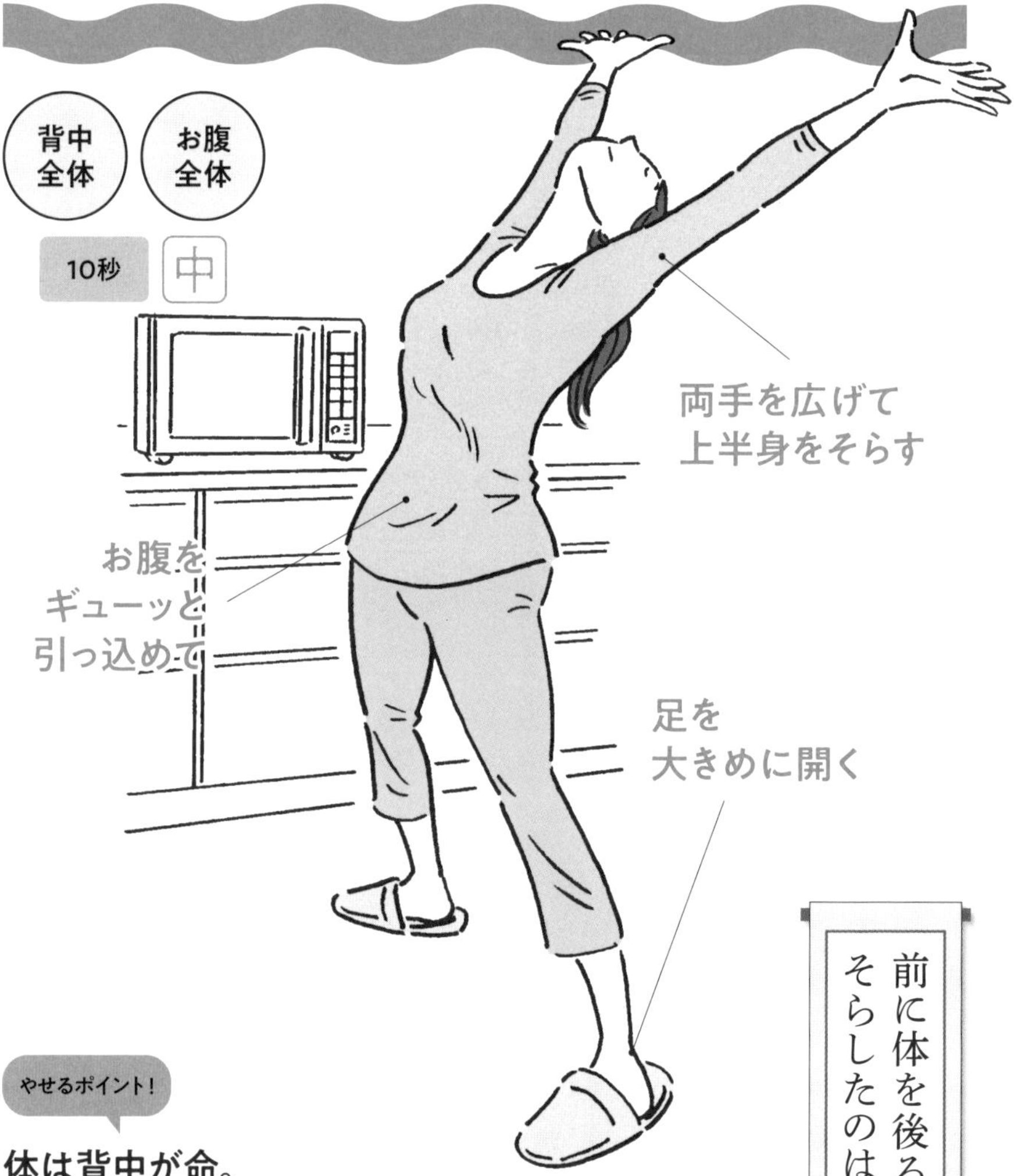
背中全体
お腹全体
10秒
中
両手を広げて
上半身をそらす
お腹を
ギューッと
引っ込めて
足を
大きめに開く
前に体を後ろにそらしたのはいつだっけ？

やせるポイント！

体は背中が命。たるんだお腹を背中から制す！

大きく手を広げ、体を大きく後ろにそらします。普段、そらす動作がほとんどないためにこり固まりやすい背中の筋肉やお腹、腰回りの筋肉を動かすことができます。背中をそらすとお腹はストレッチされて引っ込めにくくなりますが、引っ込めにくい状態であえて引っ込めることでたるみ改善効果がアップします。

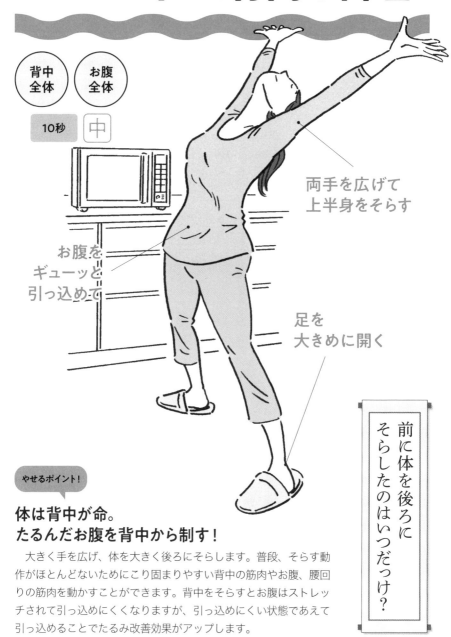

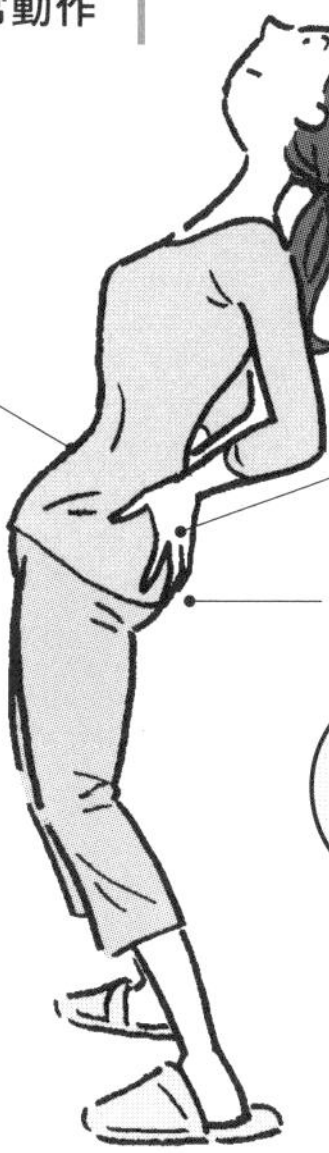
お腹を引っ込める
手を腰にあてる
腰を突き出す
背中下部
お腹全体
5秒
弱

これでもOK！

腰に不安がある場合はこちら

広めに足を開き、腰に手をあてて腰を突き出しながらお腹はグーッと引っ込める。座りっぱなしで疲れたときに行うと、腰回りを中心に血行もよくなり、腰のだるさもすっきり！

ここに注意！

腰の疲れに気をつけて

腰を丸める動作がつらいか、そらす動作がつらいか、どちらもまったく問題ないか、現在のコンディションは人によって違うので体の声に耳を傾けて行ってください。イタ気持ちよく、行ったあとに腰がラクに軽くなる場合は行ってもOKです。

少しでも
痛みを感じる人は
行わない

上体を後ろにそらし背中のメンテナンス

レンチン待ちって、なぜかすごく無駄な時間に思えませんか？　でもこれからは大丈夫です。人生を変えていく時間になるのですから。

年とともに背中や腰が丸くなることはあっても、体が後ろにそってしまう人はいませんよね。

それは人の目が前についており、日常生活のほぼすべてが体を前に傾けて行うものだからです。

上体を後ろにそらす動作は、背中のメンテナンスそのもの。背中とお腹の筋肉を同時に刺激することは、美腹の近道ですし、細いだけでなく、しなやかで長持ちする体づくりの入口です。

食べる前に二の腕をいたわっておこう

レンチン中に、振袖肉《ふりそで》も料理！

二の腕
左右各10秒
中
右ひじは右側に
開こうと抵抗する
左手で右ひじを
つかんで左後ろに
引っ張る

やせるポイント！

ちぎれるような腕の後ろ側の緊張感がたるみに効く

ひじを曲げて腕を上げ、ひじを頭のほうに引っ張ります。ひじはひじで引っ張られまいと抵抗して外側に開こうとします。この動作で二の腕が引き締まります。引っ張り終わったほうの腕の後ろ側と、まだ行っていないほうの腕の後ろ側をさわって比べてみましょう。行ったほうの腕のさわり心地が締まっていたら上手にできている証拠です。逆も行います。

二の腕に
なぜか住みつくモモンガよ

これでもOK！

しっかり伸ばせば締まりが変化！

ひじをつかんで腕の後ろ側がよりしっかり伸びるように体をしならせるストレッチ動作。この動作は単体で行ってもよいけれど、二の腕を鍛えるほかの動作のあとに行うと、相乗効果で引き締め効果が高くなります。

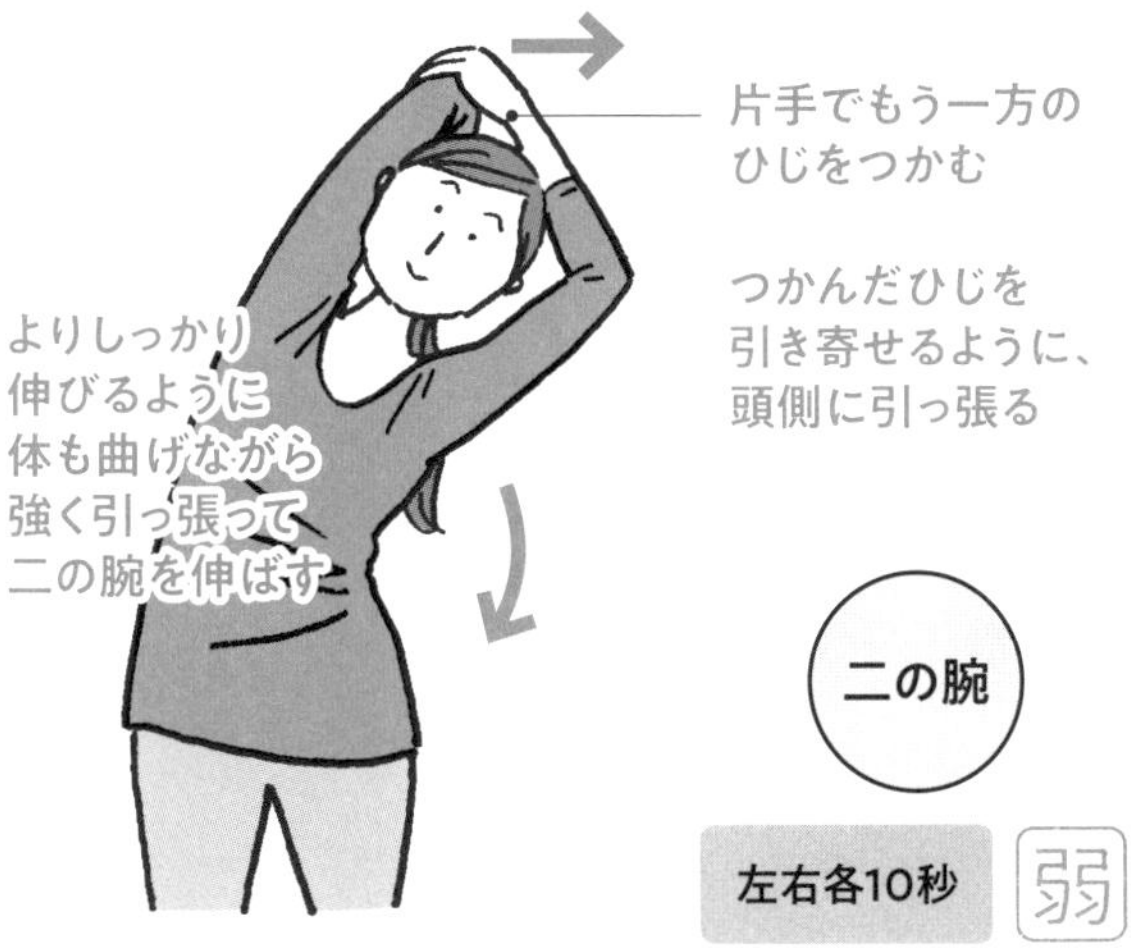
片手でもう一方のひじをつかむ
つかんだひじを引き寄せるように、頭側に引っ張る
よりしっかり伸びるように体も曲げながら強く引っ張って二の腕を伸ばす
二の腕
左右各10秒
弱

二の腕

10秒～ 中

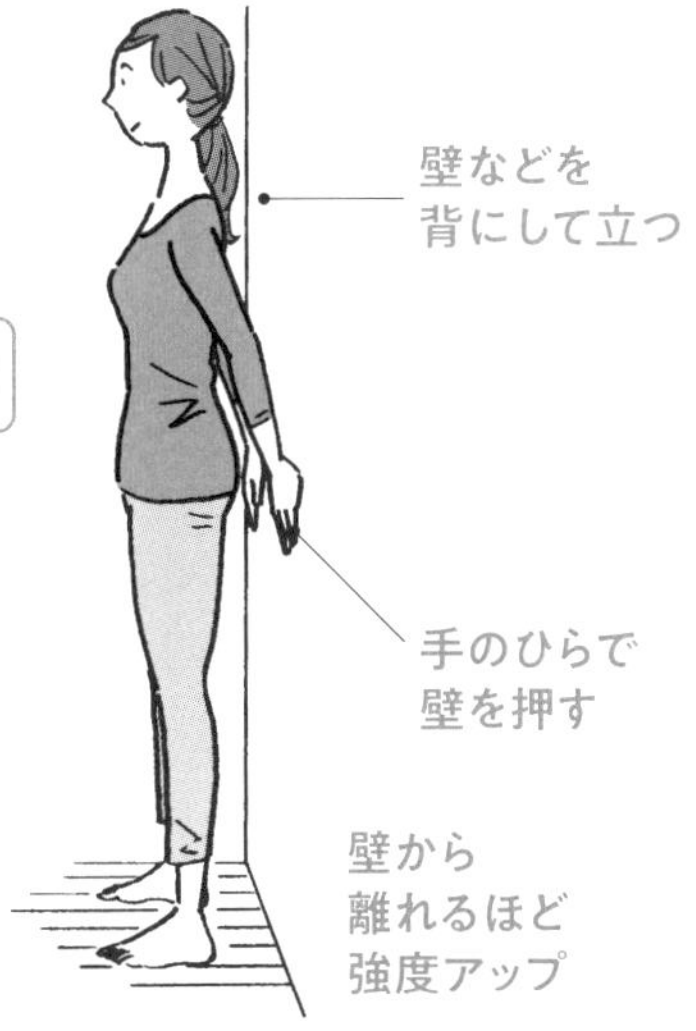
壁などを背にして立つ
手のひらで壁を押す
壁から離れるほど強度アップ

効果アップ！

二の腕つながりで壁を使った動作も紹介！

体の後ろで壁を押します。この動作は壁があればどこでもできるというだけでなく、人には知られることなく行えるのがおすすめのポイントです。強めに短時間押しでもいいですし、脂肪燃焼目的の場合は長めに押し続けましょう。

普段使わない腕の後ろ側は脂肪がつきやすい

脂肪は二の腕の後ろ側にたまります。

逆に力こぶは腕の前側にできます。

これは、普段よく使っているかいないかの違いです。

腕の前側の筋肉は腕を曲げるときに使われ、後ろ側の筋肉は腕を伸ばすときに使われる。このことさえ知ってしまえば、あとはチャンスを見つけて腕の後ろ側を使うのみですね。

私は後ろ手で壁を押す二の腕シェイプの動作を、待ち合わせのときによく行います。

行っているときに顔はあくまでも平然と。こっそりやせるためには、ここは大事なところです。

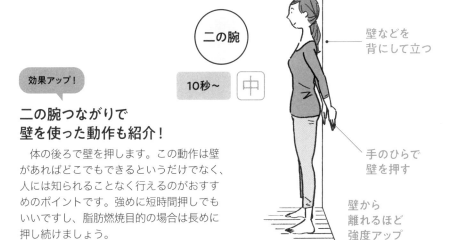

自分だけの思い込みでいーのよ！

レンジ前でなりきりモデル脚

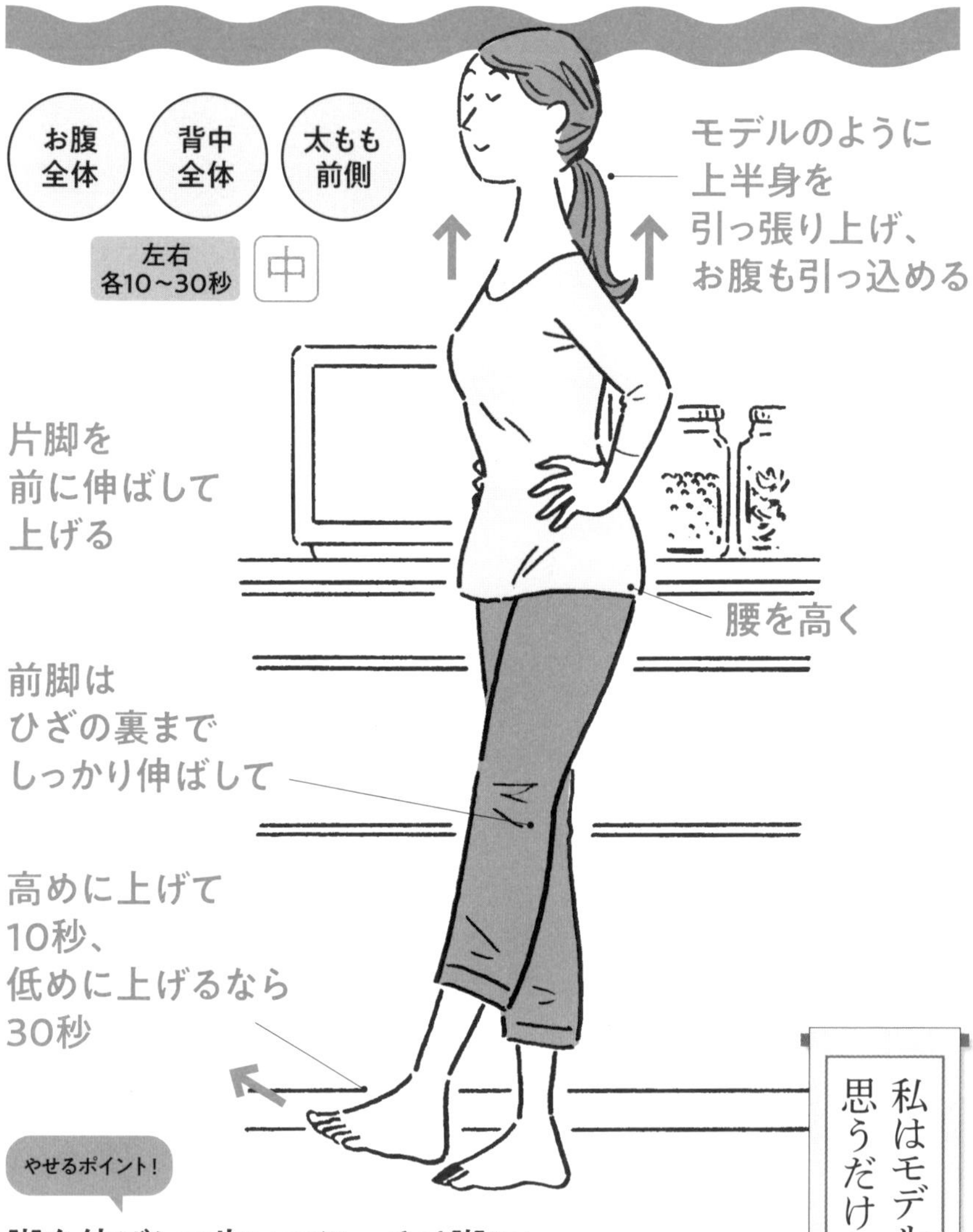
お腹
全体
背中
全体
太もも
前側
左右
各10～30秒
中
モデルのように
上半身を
引っ張り上げ、
お腹も引っ込める
片脚を
前に伸ばして
上げる
腰を高く
前脚は
ひざの裏まで
しっかり伸ばして
高めに上げて
10秒、
低めに上げるなら
30秒
私はモデル！
思うだけならタダ

やせるポイント！

脚を伸ばして歩いてほっそり脚に！

片脚を前に持ち上げて伸ばし、もう一方の片脚で立つ動作。この動作は歩きだすときと同じ筋肉の使い方になります。たとえば1000歩で1000回の動作。太ももをしっかり使って歩いているか、いないか。そんな差が太ももの脂肪の量を左右するのです。

効果アップ！

上半身が弱いと下半身の関節に負担をかける

全身

左右各10秒～　強

　片脚を前に出した状態でもう一方の立ち脚のかかとを上げます。この動作では大きな歩幅で歩くのに必要な筋力が鍛えられます。上半身の力が弱いまま大股で歩くと股関節やひざに負担がかかります。脚を高く持ち上げることより上半身を上に引っ張り上げることを優先してください。

バランスをとろうとすることで筋肉が使われる
後ろ脚（立ち脚）のかかとを上げる

ここに注意！

重力まかせの歩き方は下半身デブの元

　上半身を引っ張り上げる力が足りないと脚をしっかり使うことができません。その結果、脚に脂肪がつくのです。

　これは下半身太りの問題だけでなく、ドタドタ歩く印象を与えます。ゆくゆくは脚の形も悪くなり、ひざなどに痛みが出やすくなってしまいます。

引き締まった脚で颯爽と歩く自分をイメージして

　脚を前に出して立つだけでグラついてしまった――。

　そんな状況だと気持ちが落ちて続けようという気持ちになれないかもしれません。でも考えてみると、勉強、ダンス、カラオケ、ゲーム、どんなことだって最初からできることなんてないのです。

　大人になると、なんとなくできないことに対して恥ずかしいようなネガティブな感情を抱いてしまいがち。でも、できないということは、それだけ伸びしろが大きいということ。いつまでも引き締まった脚で颯爽と歩ける。そんなご自分をイメージしながら、ワクワクと始めてみませんか。

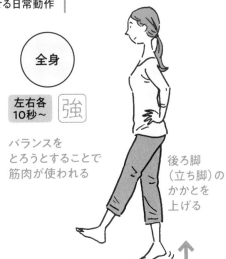

食洗機なんか使ってる場合じゃない！

洗い物とお尻の関係

お尻

30秒～　中

流し台にお腹をつけて軽く引っ込める
お尻をキュッと締めキープ
流し台から足ひとつ分ほど離れた位置で
両足のかかとを浮かせて立つ

皿洗い
体のあぶらも
流しましょう

やせるポイント！

お腹を引っ込めればヒップアップ効果倍増

流し台にお腹をつけて、少し離れた位置でかかとを上げて立つだけ。お腹を引っ込めるとお尻が連動して自然にキュッと持ち上がります。お腹を引っ込めながら行うとなぜ効果的なのかが体で実感できます。

効果アップ！

早くヒップアップしたいならコレ

右ページのポジションから片脚を後ろに持ち上げると、ヒップアップ効果がより高くなります。脚の重みが負荷としてお尻にかかるので、少しきつめ。きつすぎる場合は脚を持ち上げずにつま先を床について押してみてください。後ろに壁があれば、後ろ脚で壁を押してもOKです。

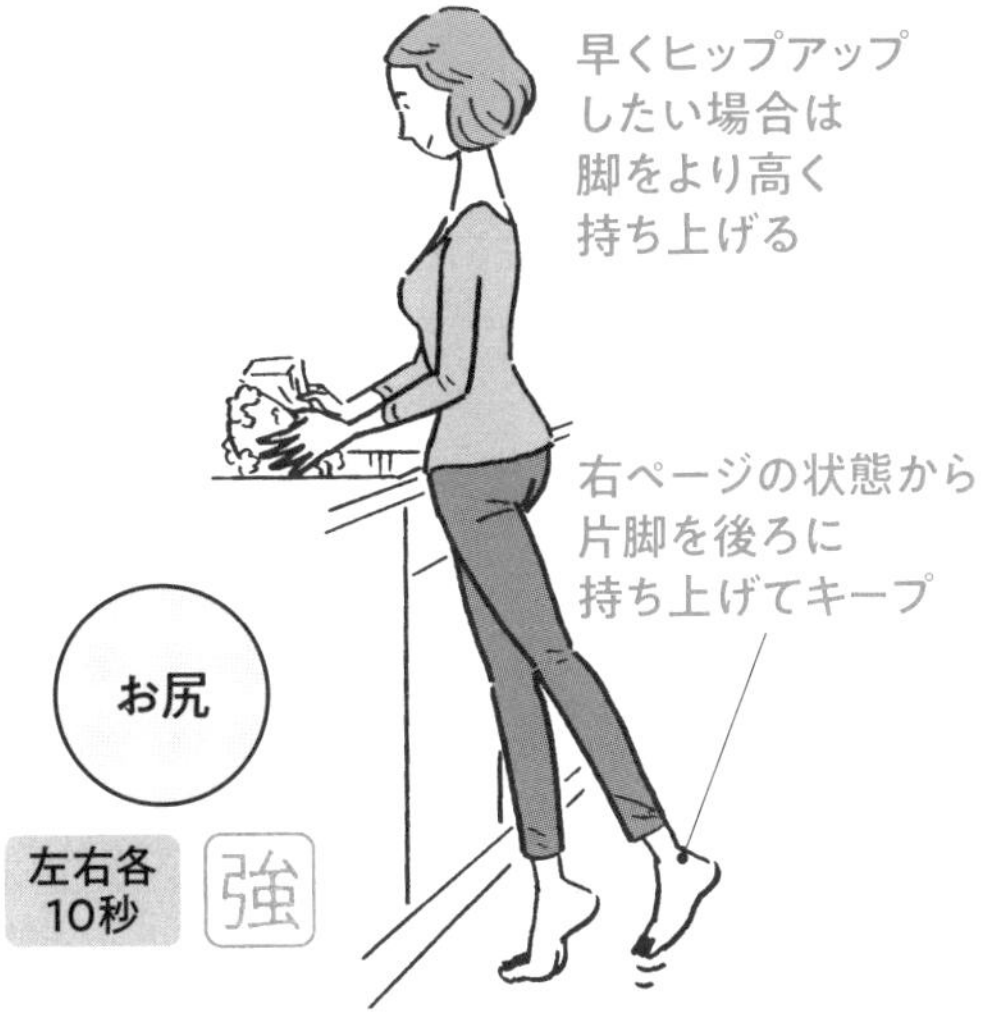
早くヒップアップ
したい場合は
脚をより高く
持ち上げる
右ページの状態から
片脚を後ろに
持ち上げてキープ
お尻
左右各
10秒
強

これでもOK！

スクワットより簡単！下半身やせにおすすめ

流し台にお腹をついて腰を落としながら洗い物をします。この動作では内ももやお尻を中心に下半身全体を使います。行っているときにご自分の気になるところをさわってみて、そこが固く張ったような感じになっていればOKです。

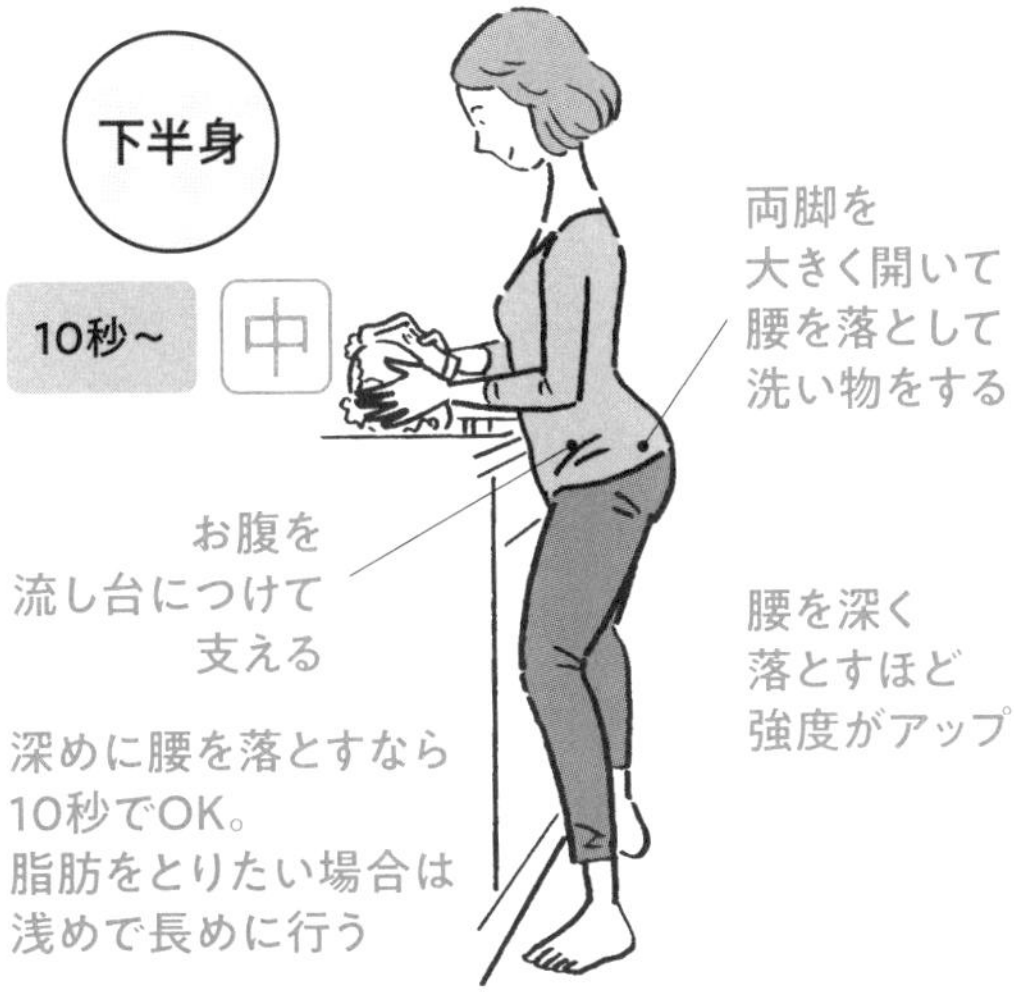
下半身
10秒～
中
両脚を
大きく開いて
腰を落として
洗い物をする
お腹を
流し台につけて
支える
腰を深く
落とすほど
強度がアップ
深めに腰を落とすなら
10秒でOK。
脂肪をとりたい場合は
浅めで長めに行う

無心でお皿を洗うときに最適

洗い物は料理に比べると頭を使わないですみますよね。自分の体のお手入れに時間をとるのが難しいときは、ここでサクッとやっちゃいましょうよ。

洗い物中はそんなナイスなタイミングだと思います。でも逆に、炒め物中など、火のそばでは危ないのでけっして行わないでくださいね。

ここで紹介した動作はふたつの意味でかなりお得。

ひとつめは、楽ちんなのに効果が高い点。

ふたつめは、お皿を洗いつつテレビを見ながら、家族と話をしながらなど、さらに何かをしながらでもできてしまうという点です。

洗濯終わったかなと思ったら、まだじゃん！

脱水待ちで、脂肪もしぼる

全身　O脚

10~30秒　強

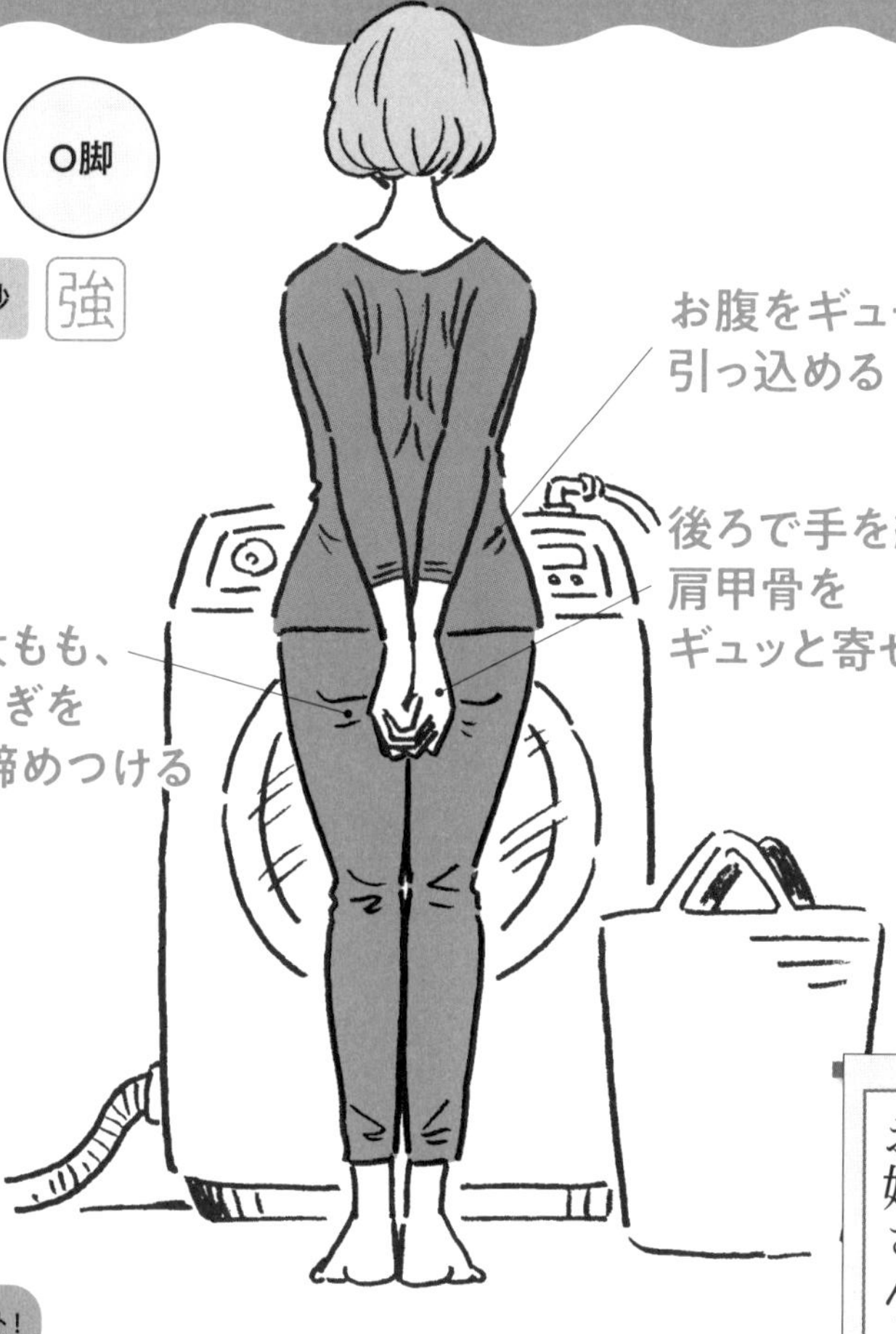

お腹をギューッと
引っ込める
後ろで手を組んで
肩甲骨を
ギュッと寄せる
お尻、太もも、
ふくらはぎを
内側に締めつける

小学生は背中で見分ける。お姉さんとおばさんを……

やせるポイント！

洗濯物の気持ちになって自分もしぼられよう

この動作では、肩を引いて肩甲骨を寄せる力、お腹を引っ込める力、下半身を内側に締めつける力、これら３つの大事な体の使い方を同時に行います。姿勢が悪くなったり、お腹が出たり、下半身太りにつながる流れを断ち切るためにとても有効です。すべての力が大切ですが、ご自分が直したいところに特に力を入れて行ってください。

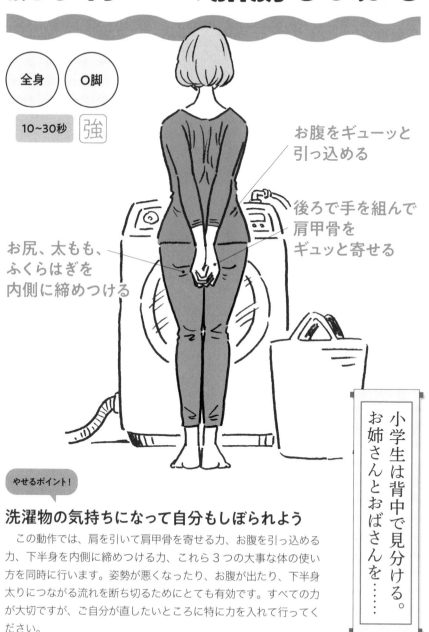

右ページの動作を
後ろで手を組まずに
肩を軽く引いて行う
全身
O脚
10秒～
中

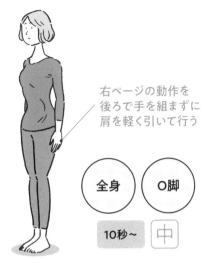

これでもOK！

究極の一生もの エクササイズで美姿勢に

美姿勢になるためにどれかひとつだけというなら、この動作を極めて毎日続けるのがイチ押しです。外で行うときには顔はあくまでも涼しげに。

ここに注意!

体が前後に倒れないように気をつけて

どんなに強く締めつけても体が倒れていては効果がありません。壁にぴったりと張りつきながら行っているイメージで。

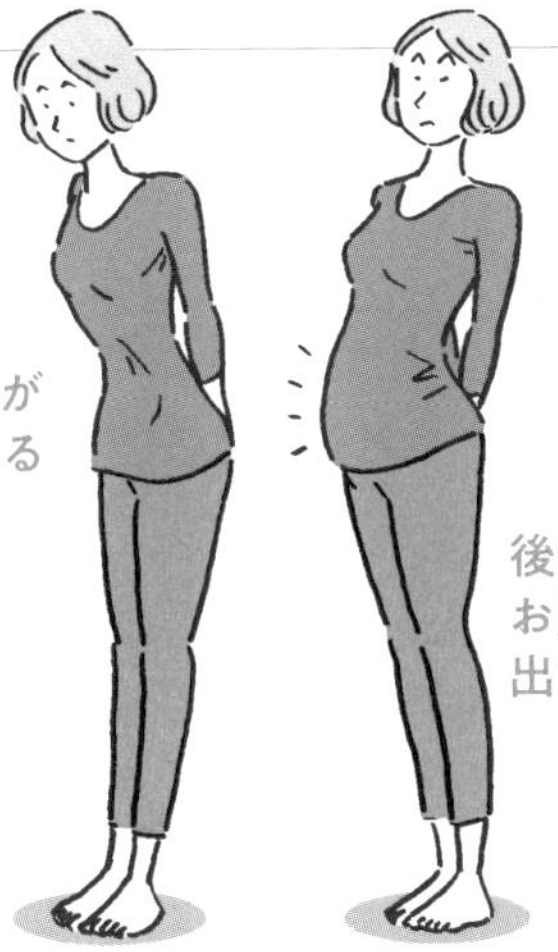
上半身が
前傾している
後傾して
お腹が
出ている

ギューッと力を入れて30秒か、半分以下の力で長めに

この動作は場所や時間を選ばずに行えます。

ただ、どこでもできると思っていると、行うこと自体を忘れてしまいやすいです。

だから、これ！と思った動作は、行う生活のシーンを決めてしまいましょう。私の場合は、洗濯待ちのほか、信号待ちでも行っています。

あちこちギューッと力を入れると30秒が精いっぱいですが、半分以下の力で長めに行ってもOKです。

全身を使うので代謝の低下を実感している人もぜひ行ってみてください。

今洗っている服がゆるくなりますように！

洗濯機でお腹やせ

下半身

お腹全体

10〜30秒 強

洗濯機の高さより低い位置で行うのを目標に
胸を張って腰を落としてキープ
お腹をギューッと引っ込める

やせるポイント！

和式トイレの腰づかい

上半身の重みを負荷にして下半身に効かせる動作。お腹から下半身がゆるんで気になっている人におすすめです。洋式トイレの普及で現代人は昔の人より足腰が弱くなったという説がありますが、人生100年といわれる時代、腰を落としてふんばるという動作には行う価値があります。

太いの太いの飛んで行けー！

これでもOK！

お腹やせ重視の人はコレ

腰を深く落とさずに行います。下半身がつらくないぶん、背中にしっかりとしわを寄せ、お腹も最大限引っ込めます。どの程度腰を落とすかで強度がかなり変わってくるので無理をせずに。ひざや腰に不安がある場合は壁に軽くお尻をついて行ってみてください。

背中に
めいっぱい
タテじわを寄せる
腰を深く落とさず
軽くひざを曲げる
お腹を
ギューッと
引っ込める
お腹
全体
10~30秒
中

効果アップ！

壁にお尻を軽くつくと行いやすい

どんな動作であっても行っているうちに筋力はついてきます。そしてその結果として体が引き締まってきます。

最初はかかとを少し
浮かせるところから始め、
最終的にはかかとを高く上げて行っても
グラグラしなくなるのを目指す
右ページの
体勢から、
かかとを浮かせる
かかとを
高く上げるほど
力が必要になる
全身
10~30秒
強

しゃがんでふんばって引き締める

腰を落とす動作で有名なのがスクワット。スクワットは全身を鍛えることができる、とてもいい運動なのですが、私としては立ったり座ったりが面倒&きついのがイヤなので、スクワットは行っていません。

「生きていく中で短時間に何回も立ったり座ったりする必要はないけれど、しゃがめなくなるのは困るし、下半身は引き締めたい――」と考えたのが、しゃがんでふんばる動作でした。

腰をどの程度落とすかで強度と効かせる部位が少し変わってきます。行ううちに、お腹が凹み、下半身全体が引き締まっていきますよ。

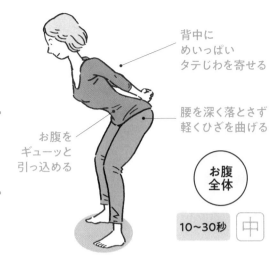

毎日でも洗濯したくなる!

洗濯物で胸の谷間が出現

胸

数秒×何枚か　弱

胸の前で腕をクロスさせキュッキュッと胸を寄せながら伸ばす
衣類の両端をつかんでしわを伸ばす

しわ伸ばし、
顔のしわも伸びたらな

やせるポイント!

胸の谷間づくりに有効!

洗濯物のしわを伸ばすついでに胸の前で腕をクロスさせながら力を入れるのは、胸の谷間づくりに有効な動作。肩こり解消にも!

こっそり言いますと、私のように小さいサイズの胸でもささやかな谷間らしき溝ができあがりましたよ。

これでもOK！

しっかり伸ばしてアイロンいらず

普通に衣類を伸ばすとき、軽く引っ張りますが、じつはこのとき、腕の裏側の筋肉が使われています。

でも普通に引っ張る力では効果はほとんどないので、最後に強く引っ張るのがポイントです。左右の腕で行います。

脇を締め、
片手を固定して
洗濯物を持つ
もう一方の手で
向こう側に押すように
引っ張って伸ばす
二の腕
数秒×何枚か
弱

これでもOK！

背中からアプローチするバストアップ

胸を突き出して洗濯物を伸ばします。この動作では肩甲骨を寄せる筋肉が使われます。肩関節をやわらかくするために少し弾みをつけて行ってください。

バストアップには胸を直接鍛えるよりも背中側から引っ張って支える力を鍛えるほうが手っ取り早いのです。

両ひじを
後ろに大きく
引きながら
洗濯物を伸ばす
胸
背中
上部
数秒×何枚か
弱

これ、なんか楽しい

洗濯物をそのまま干すと乾いたときにしわしわになってしまう！　衣類を伸ばしながら干すのは面倒ですが、それで少しでもアイロンがけを減らせれば、アイロンの手間も電気代も節約できて一石二鳥です。

ここで紹介した3つの動作は、その日の気分でお腹を引っ込めたり、かかとを浮かせる動作と組み合わせたりしてもよしです。

私は洗濯物を干すのがあまり好きではないので、好きな音楽をかけながら行っています。

やってみるとけっこう楽しいので、ノリノリで衣類を破ってしまわないよう力の加減はお忘れなく。

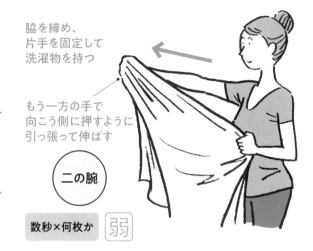

まさかの無料でスポーツジムなみの威力！

掃除機は美脚の相棒

太もも前側　太もも後ろ側　お尻　背中全体　お腹全体

左右各10回　強

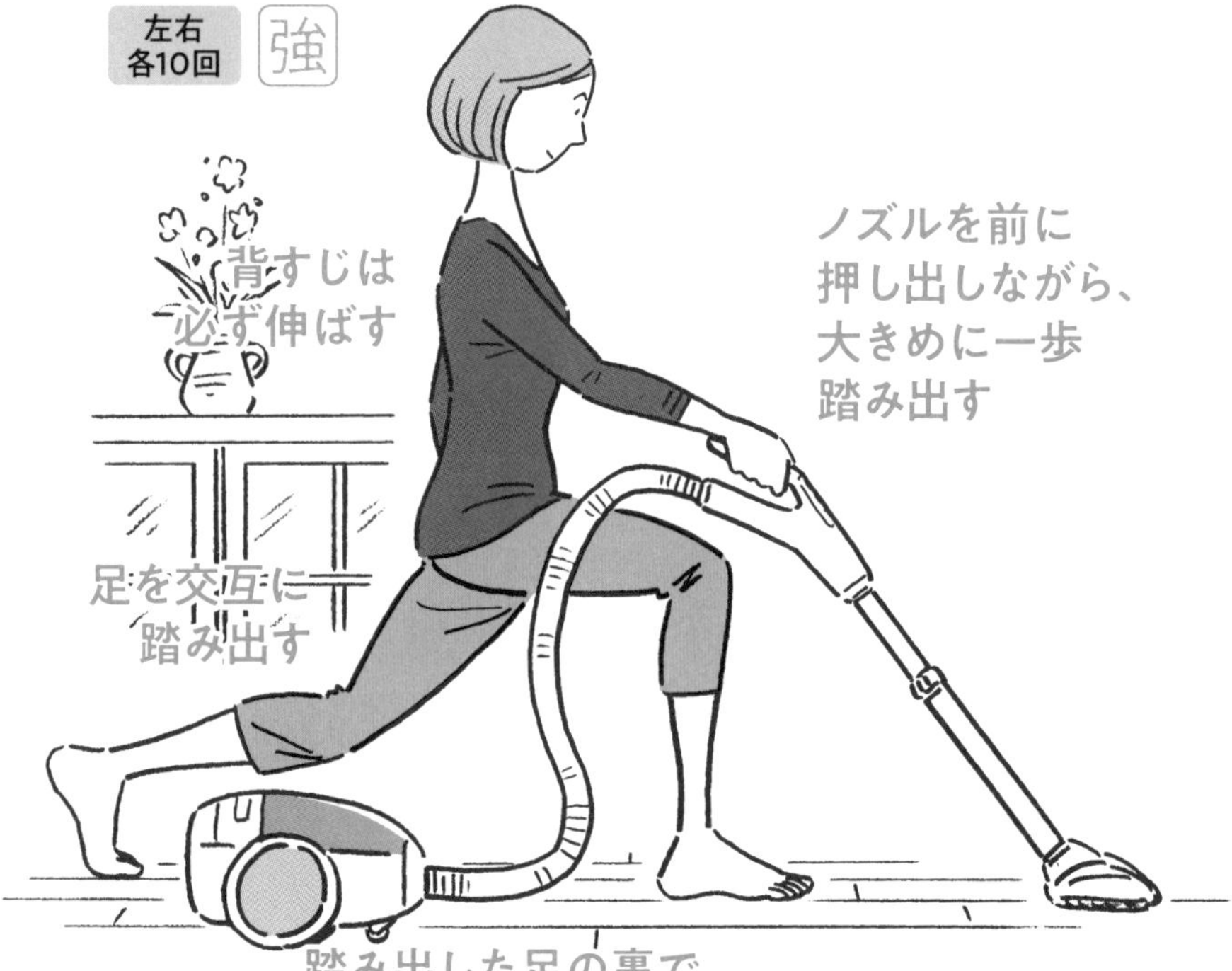
背すじは必ず伸ばす
ノズルを前に押し出しながら、大きめに一歩踏み出す
足を交互に踏み出す
踏み出した足の裏で地面を押すように足を戻す

やせるポイント！

太ももシェイプをしながら丈夫な足腰づくり

足を大きく前に踏み出して、上半身を立てた状態で掃除機をかけます。これは「フロントランジ」という下半身トレーニングと同じ動きを取り入れたもの。体がぐらぐらする人は腰の落とし方を小さめにして行ってみてください。

浮いたジム代何に使う？

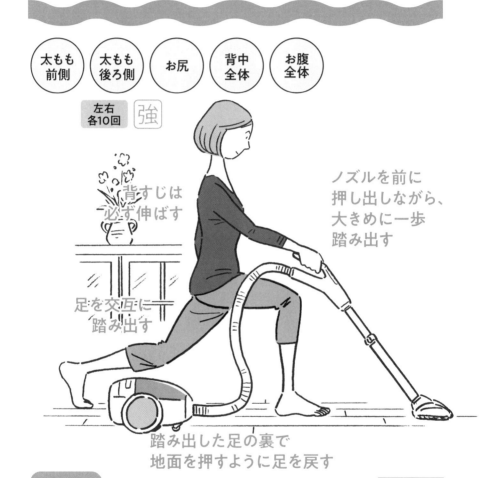

これでもOK！

掃除機でいつの間にかヒップアップ！

　掃除機をかけながら、後ろの足を持ち上げます。これとほぼ同じ筋肉の使い方をするのが「ヒップエクステンション」という腹ばいに寝て足を持ち上げるエクササイズ。背中を丸めないようにご注意ください。

お腹を引っ込めた状態で
背中を丸めない
足が持ち上がらない場合は、後ろの足で床を押しながら行ってもOK
歩きながら後ろの足を床から持ち上げる
お尻
お腹全体
左右各10回
中

ここに注意！

これはほとんど「腰痛さんいらっしゃい～」という体勢

　掃除機をかけた後に腰がだる重になる、そんな人はいつひどい腰痛になってもおかしくない状況。掃除機がけの動作で背中を丸めないようにしただけで腰の痛みがなくなった人もいます。上半身を直立した姿勢を心がけながら掃除機をかけるだけで掃除機後の腰の疲れは激減するはずです。

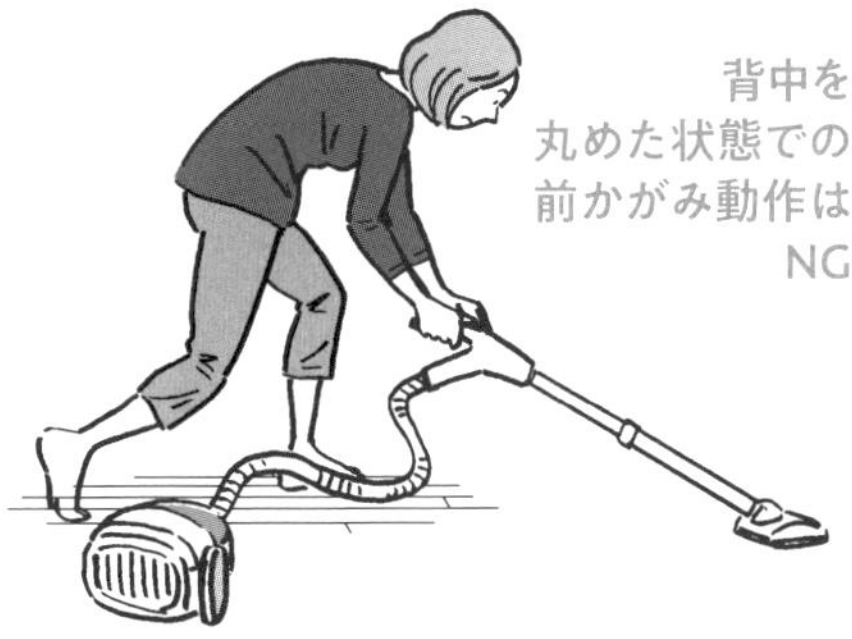

背中を丸めた状態での前かがみ動作はNG

お掃除が好きでなくてもぜひ！

　掃除機をかける頻度は人によってけっこう違うと思います。お掃除が好きでない人も、一石二鳥を狙って回数を増やしてみてはどうでしょう。

　ここではジムに行くと必ず指導される筋トレメニューとほぼ同じ筋肉の使い方をする動作を紹介しています。

　バキバキに筋肉をつけてお尻を大きくしたいなんていう場合には重いダンベルなどを使う必要がありますが、体をデザインすることは自分の体重を負荷として利用するだけで十分に可能です。

　筋肉を太くするのではなく引き締めるのであれば、きついけどきつすぎないくらいがむしろよいのです。

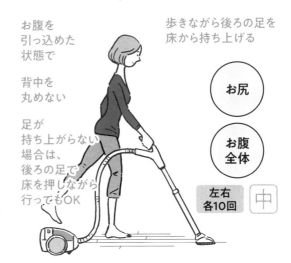

たとえ1秒の動作でも効果は出る

冷蔵庫でカロリー消費

全身

冷蔵庫から取り出す間　弱

冷蔵庫から
食材を取り出す際に、
かかとを上げた
状態を保つ

かかとが床に
ついてしまわないように
バランスをとりながら

1秒を笑うものは
1秒に泣くかも

やせるポイント！

消費カロリーを稼げる体に

かかとを少し上げた状態で動きます。この動作でグラグラしないためには、体幹と下半身をバランスよく使う必要があります。

慣れてくるとかかとも高めに上げられるようになってきます。続けるうちにできるようになる喜びと体の変化を楽しめますよ。

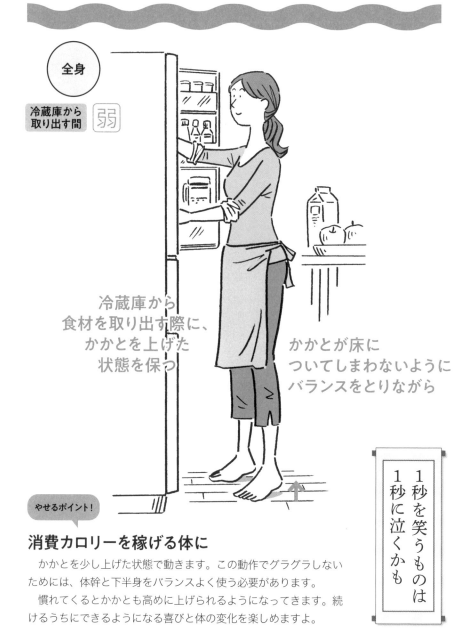

これでもOK！

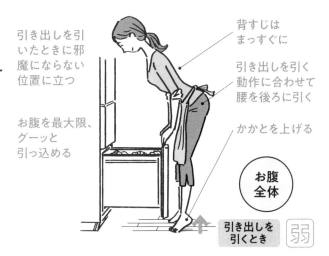

引き出しを使って ラクにお腹やせ

冷蔵庫の引き出しを引きながらお腹を引っ込めます。
いろいろな体勢で引っ込めることで、お腹を引っ込める力をより高めることができ、お腹やせにつながります。

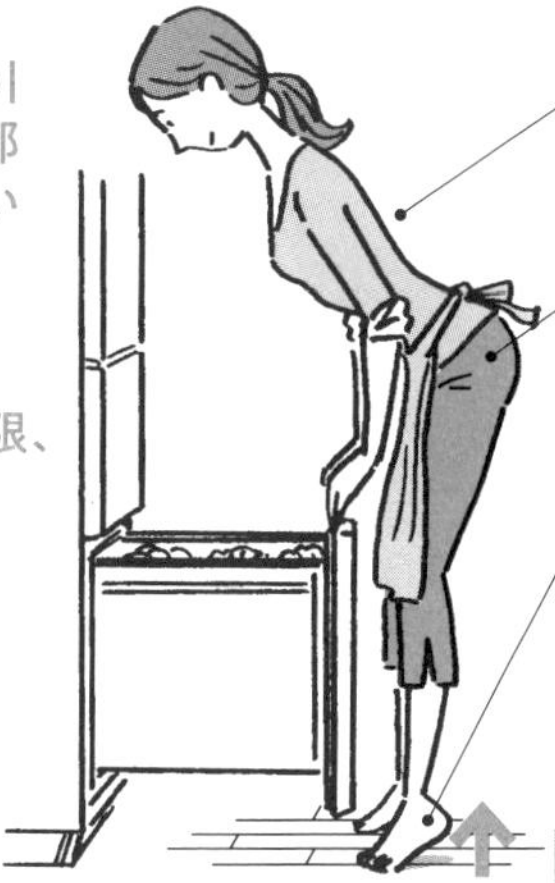
引き出しを引いたときに邪魔にならない位置に立つ
お腹を最大限、グーッと引っ込める
背すじはまっすぐに
引き出しを引く動作に合わせて腰を後ろに引く
かかとを上げる
お腹全体
引き出しを引くとき
弱

効果アップ！

脚上げ動作は じつは腰にやさしい

上半身を倒しながら片脚を後ろに上げます。この動作はお腹とお尻に効きます。

ゴルファーがボールを拾うときに上半身を大きく前に倒して片脚を後ろに上げているのを見たことはありませんか。一見アクロバティックに見えますが、じつは腰の負担が小さい動作です。左右同様に。

引き出しの邪魔にならない位置に立つ
背中は最後まで伸ばしたまま
お腹をグッと引っ込めておく
かかとを上げる
上半身を前に倒し、片脚をできるだけ高く上げる
お尻
お腹全体
引き出しを引いてから閉めるまで
中

わざわざ運動しなくても日常動作でOK

私は学生の頃、運動神経が抜群の姉と比べられ、コンプレックスを持つようになりました。スポーツをすれば同じチームの人に迷惑をかけ、走ればいつもビリで、「運動が得意ならやせられるのに」と体育会系の人をうらやましく思っていました。

私自身、ずいぶんと長い間、「運動しなくては」という呪縛にとらわれていましたが、今では日常の動作ひとつで「体型が変わる」ことを自信をもってお伝えしたいと思っています。

「こんなのやるの〜？」と笑わずに、せっかくなので楽しみながら体を使ってみてください。

朝に夕に窓の数だけチャンスあり！

カーテンの開け閉めでペタ腹

下腹

高いところに手を伸ばす間　中

カーテンのできるだけ高いところを持つ
あとちょっと！という限界近くまで手を伸ばすと、下腹が凹んで体を上にしぼり上げてくれる
背伸びしてカーテンを開け閉めする

カーテンにぶら下がっては危ないよ

やせるポイント！

やせているのに下腹ぽっこりの人にもGOOD！

大きく伸びながらお腹を引っ込めます。これが凹んだ下腹になるための最適な筋肉の使い方。上半身を上に引っ張って伸ばした状態にして、さらにここから下腹を意識的にギューッと引っ込めます。カーテンを開け閉めするついでということで、ぜひ。

これでもOK！

ブラインドの活用法

ひじを固定した状態で腕を伸ばします。この動作で使われるのが二の腕の筋肉です。

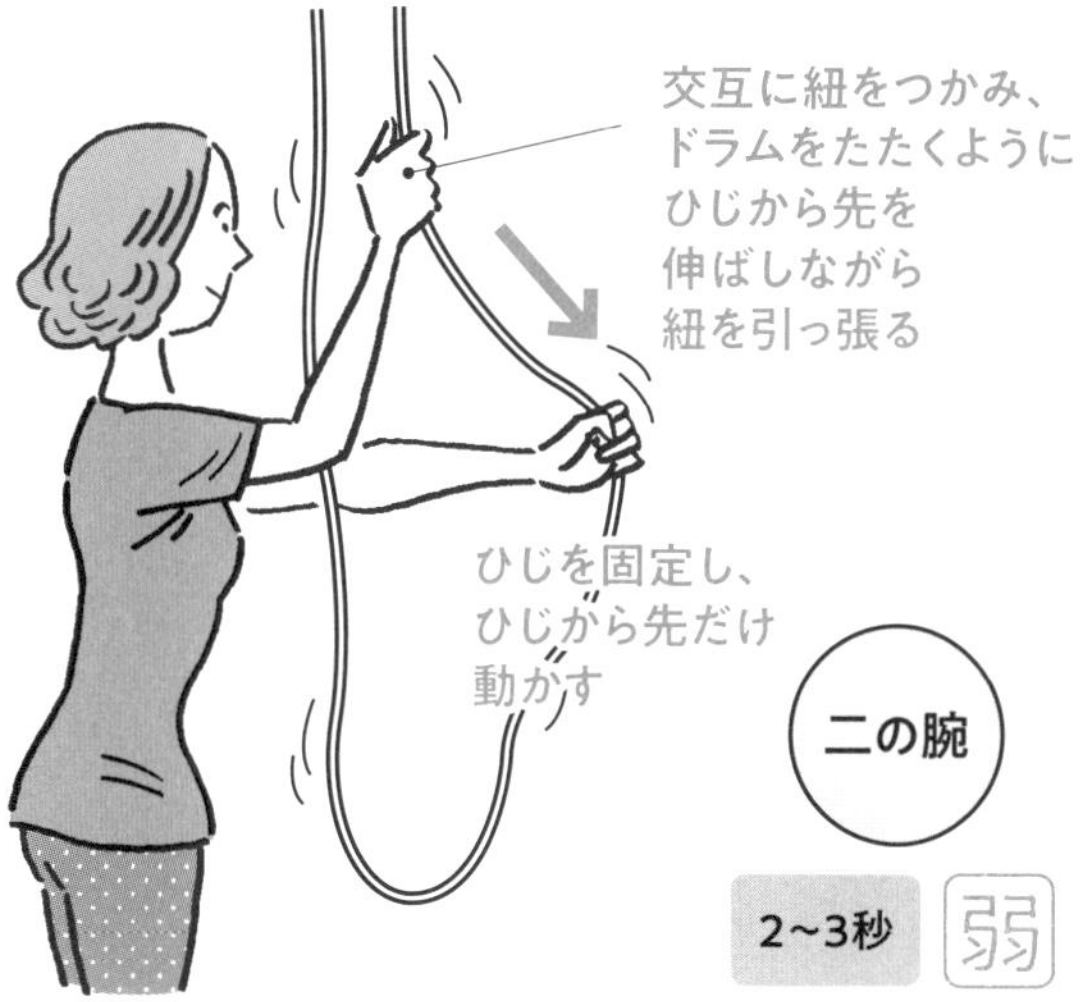
交互に紐をつかみ、ドラムをたたくようにひじから先を伸ばしながら紐を引っ張る
ひじを固定し、ひじから先だけ動かす
二の腕
2〜3秒
弱

これでもOK！

窓もサッシもマシン代わり

腕を伸ばした状態で窓やサッシを開け閉めします。腕はピンと伸ばすより、少しひじをゆるめたぐらいがおすすめ。ちなみに腕を大きく曲げると腕の前側の力こぶの筋肉が使われます。

たるみが気になるほうの腕で腕を伸ばしたままドアの開け閉めを行う
二の腕
1秒
弱

放置しがちな二の腕も日常動作で刺激！

私は数年前、時間や気持ちに余裕がなく、出かけるときにお腹を引っ込めておくくらいでそれ以外は体のケアが何もできなかった時期がありました。

で、あるとき、写真を見たら、なんと二の腕にいつの間にか、かわいい、いえ、かわいくないモモンガが育っているではありませんか。

「まじか、しまった〜」

そのときは落ち込んだもののやっぱり余裕がなく、二の腕の日常動作を始めたのはここ1年くらいです。

ところが始めると違いは歴然。とりかえしのつかないことなんてないんだなと改めて思いました。

やせる人やせない人の違いとは?
2

短期計画でやせたい人 vs 長期計画でやせたい人

一刻も早くやせたいと思うのが正直なところ。でも、残念ながら短期間でやせる人ほどじつはやせない人なのです。なぜなら同じ5kg減でも、3カ月と1年では3カ月でやせる人のほうがリバウンドしやすい傾向があるからです。

これは食事でも運動でも同じ。「ダイエットをくり返していたら、何をやっても体重が減らなくなった」「やせるどころか逆に太ってしまった」——そんなお声を聞くことは案外と多いです。

なぜ短期間でやせるほどリバウンドしやすいのか、詳しいメカニズムはわかっていませんが、想像するに生物にとって体重が減るという現象はリスクなのでしょう。減った体重の変化が急激であるほど体重を元に戻そうとする力が働くようです。長期間でやせるほうがうまくいくのは、体重の減り方がゆるやかなので体がやせていっていることに気がつきにくいからなのかもしれません。

第3章

仕事
のルーティンに組み込む
やせる日常動作

長い仕事時間こそうまく使おう

デスクでメラメラ脂肪燃焼

背中全体　お腹全体

時間にとらわれずに行う　弱

お腹を凹ませ、
背すじをまっすぐに
ときどきゆるめるなど、
姿勢を固定
しすぎない
椅子は
浅く座るほうが
行いやすい

スタイルのいい人は人に言わない秘密を持っている

やせるポイント！

座るだけでカロリー消費が増える！

背すじをまっすぐにして、お腹をキュッと引っ込めると、座るだけで今までより筋肉が使われて消費カロリーを増やせます。できるだけ前のめりにならず頭が胴体から落っこちない、そんなポジションを意識してください。シャキッとしっかり伸ばしたり、脱力したり、軽く伸ばしたりと、変化をつけるのも疲れにくくておすすめです。

効果アップ！

1時間に1回くらいは息抜きしよう

背中全体　お腹全体

10秒　中

手を組んで伸びをしてお腹を大きく引っ込めます。強く引っ張りながら力を入れることで、こり固まった筋肉の血行もよくなり、疲労回復にも効果があります。

手を組んで
上に大きく
伸びる
お腹をできるだけ
大きく凹ませる
伸びたら
一気に脱力すると
気持ちよい

ここに注意！

よくない姿勢が首こり・肩こりを引き起こす

頭の重みは成人で５～7kgもあります。重たい頭が前に出るほど、首、肩、背中の筋肉が引きちぎられるように負荷がかかってしまいます。

体のこりや痛みは、そこに負担がかかっているという体からのシグナルと考えてください。

首が前に
出ている
背中が
丸まっている
ラクな気がしても
首や肩、背中が
犠牲になっている
お腹が
たるんでいる

1日中美しい姿勢を保つのはがんばりすぎ

ある女性はとても姿勢が美しくスマートで女優さんのようでした。

ところが、首こり、肩こり、背中のこりがひどく頭痛もするとのこと。マッサージに定期的に通っているけれど、とてもつらいといいます。

先回りして話をしますと、彼女は寝るとき以外、1日中美しい姿勢を必死に保とうとしていたことが不調の原因でした。

姿勢を固めて保ち続けるのは拷問のようなもの。そこまでがんばれることには驚くばかりですが、体調が犠牲になるのでは本末転倒でしょう。過ぎたるは及ばざるがごとし、です。

しわはしわでも、背中の縦じわはOKよ！

椅子で肩甲骨を寄せる練習

背中全体　お腹全体　胸

10秒　中

背中に
できるだけ
たくさんの
しわをつくる
後ろで手を組み、
肩を引いて
肩甲骨を近づける
お腹も
ギューッと
引っ込める

やせるポイント！

美姿勢＆お腹やせに必要なパワー全開

背中にしわを寄せて肩を引きながら同時にお腹を大きく引っ込める動作。この動作で、お腹やせに必要な上半身の力を一挙に鍛えることができます。背中がこりやすい人や肩こりを予防したい人もぜひ！

人のしわ見て我がしわ直せ

これでもOK！

背中の力が足りないと肩に力が入る

肩を引く動きがスムーズにできないと、胸が開きにくくなり、普段の姿勢が巻き肩に固まっていきます。

それはすなわちお腹がゆるむ状態で、凹んだお腹にするのが難しくなってしまいます。

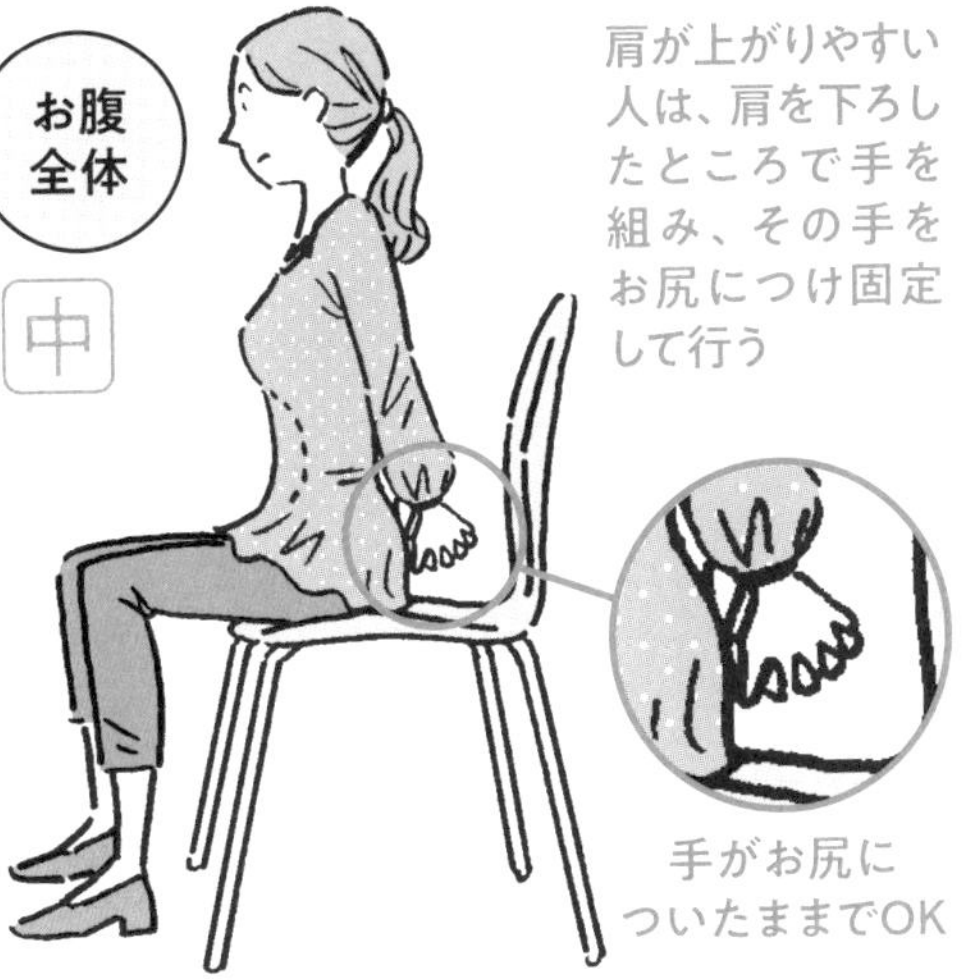

背中全体
お腹全体
10秒
中
肩が上がりやすい人は、肩を下ろしたところで手を組み、その手をお尻につけ固定して行う
手がお尻についたままでOK

ここに注意！

思うように肩が動かないのは老化のはじまり!?

腕の力を借りても肩を後ろに引けないのは、年齢に関係なく、老化に向かっているといえます。

体は使い方次第で若々しく長持ちさせられますから、まずは肩甲骨が動くことを目指して練習です。

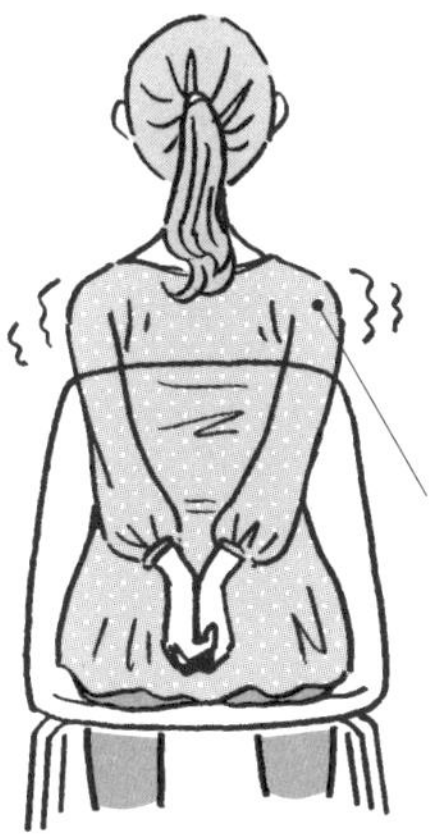

鏡で横向きになってチェックするとよい
後ろで手を組んでいるだけで、肩が後ろに引けていない

背すじを伸ばすことを優先

「肩甲骨を寄せる」やり方がわからないという人は、「肩を引いて胸を開く」と考えてもらってOKです。

お腹やせには「背すじを伸ばす力」と「肩を引く力」、どちらの力も必要ですが、まずは、背すじを伸ばすことを優先に意識しましょう。

背すじ、肩、お腹と、複数の動きを同時に行うのは、案外と簡単ではないのですが、体の部位ごとに筋トレをするよりずっとずっと効率がよく現実的。この動作によって、ついでにバストアップ効果もありますよ。

後ろで手を組むと上体が前傾しがちですが、背すじはあくまで上にまっすぐ立てて行うと、体が若返りますよ。

「可愛くてごめん～」な顔で、いいこと言う！

リモート会議で自力整形

顔
リモート会議待機中
弱
目をできるかぎり大きく見開く
両頬をできるかぎり上に引き上げる
笑う門にはたるみ消え

やせるポイント！

リモート会議が始まる前の待機中に、たるみ顔を解消

カメラオフにしている待機中には、目を見開いて両頬を引き上げます。この表情動作には、目を大きく開くための筋力と、頬の位置を高く引き上げる筋力が必要です。リモート会議が始まったら、顔を完全脱力するのではなく、少しゆるめたいちばんキラキラした顔でキープします。印象アップで意見が採用されやすくなるかも！

これでもOK！

あごをシャープにこっそりカゲ練！

頬が引き上がる表情動作をすると、口角が上がり、笑うときと同じ筋肉の使われ方をします。

難しい場合は片一方ずつだと行いやすいので、どの程度引き上げればあごのラインがシャープになるかをチェックしながら行います。

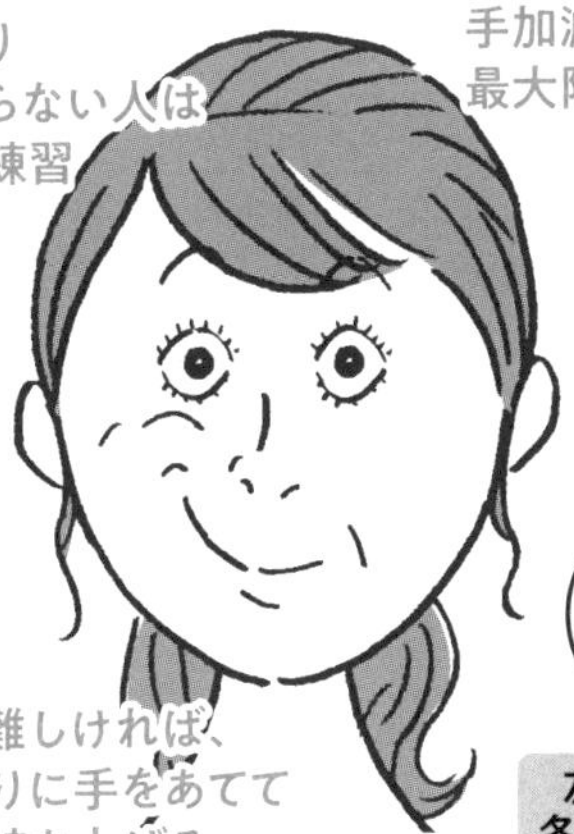
頬があまり
持ち上がらない人は
片頬ずつ練習
変な顔になっても、
手加減せずに
最大限引き上げる
片頬でも難しければ、
頬骨あたりに手をあてて
手で少し持ち上げる
顔
左右
各10秒
弱

ここに注意！

フェイスエクササイズで絶対に気をつけたいこと

目を大きく見開こうとすると、目だけを開くのではなく、おでこの力を使ってしまいがち。

これだとおでこにしわを刻んでいくエクササイズになってしまうので要注意です。おでこが動いてしまう人は、おでこを手で軽くおさえて動かさないように練習しましょう。

手をおでこにあてて
おでこが
動いていないか
チェック
目を大きく開くときに
おでこにしわを
寄せないように注意

フェイスリフトで形状記憶！

体と同じく顔も使っているなりに形状記憶します。私は顔をくしゃくしゃにして笑うクセがあったせいで、なんと20代でおでこにしわが！

もし特にやせたわけではないのに顔のしわが目立つ人は普段よく行っている表情のせいかも。たとえば怖い顔をして怒ってばかりいると眉間の筋肉が発達し、怒っていないときでも怖い顔になっていきます。

望まない形での形状記憶には気をつけたいところです。

笑うときのように口角を大きく引き上げると脳が「楽しい」と勘違いするという研究結果が多数あります。嫌なことがあったときに行うのも、ものすごーくおすすめです。

上司や部下にも絶対バレない安心動作

会議室から、ハロー美腹

下腹
10秒～
中
かかとで
床を押し、
下腹を引っ込める

やせるポイント!

座っているだけ!
でもペタンコ下腹形成中

かかとに力を入れて床を押しながらお腹を引っ込めます。背すじを伸ばすと、力が入りますよ。この動作で普段使いにくい下腹に効かせることができます。かかとで床を押すだけでも下腹にぐっと力が入りますが、そこからさらに引っ込めると下腹を凹ませるのに効果的なのです。両足ではなく、片足ずつ押してもOKです。

おしゃれなお腹は足もとから

これでもOK！

ハードな下腹筋トレより お腹が凹む！

座っているときに体を少しだけ後ろに倒してお腹を引っ込める。まず人に気づかれることのない地味な動作ですが、お腹にビンビン効きます。腰に不安があるときは無理しないで。

椅子には
浅めに座るほうが
行いやすい
お腹
全体
10秒～
中
背すじを伸ばし、
わずかに体を後
ろに傾ける
後ろに倒すほど
強度がアップ
下腹を
えぐるように
引っ込める

効果アップ！

何をやっても 凹まなかった下腹に！

テーブルの下でこっそりと両足を浮かせます。この動作は足を浮かせるのが目的ではなく、下腹を引っ込めた結果、足が浮くという意識で行うことが大事です。

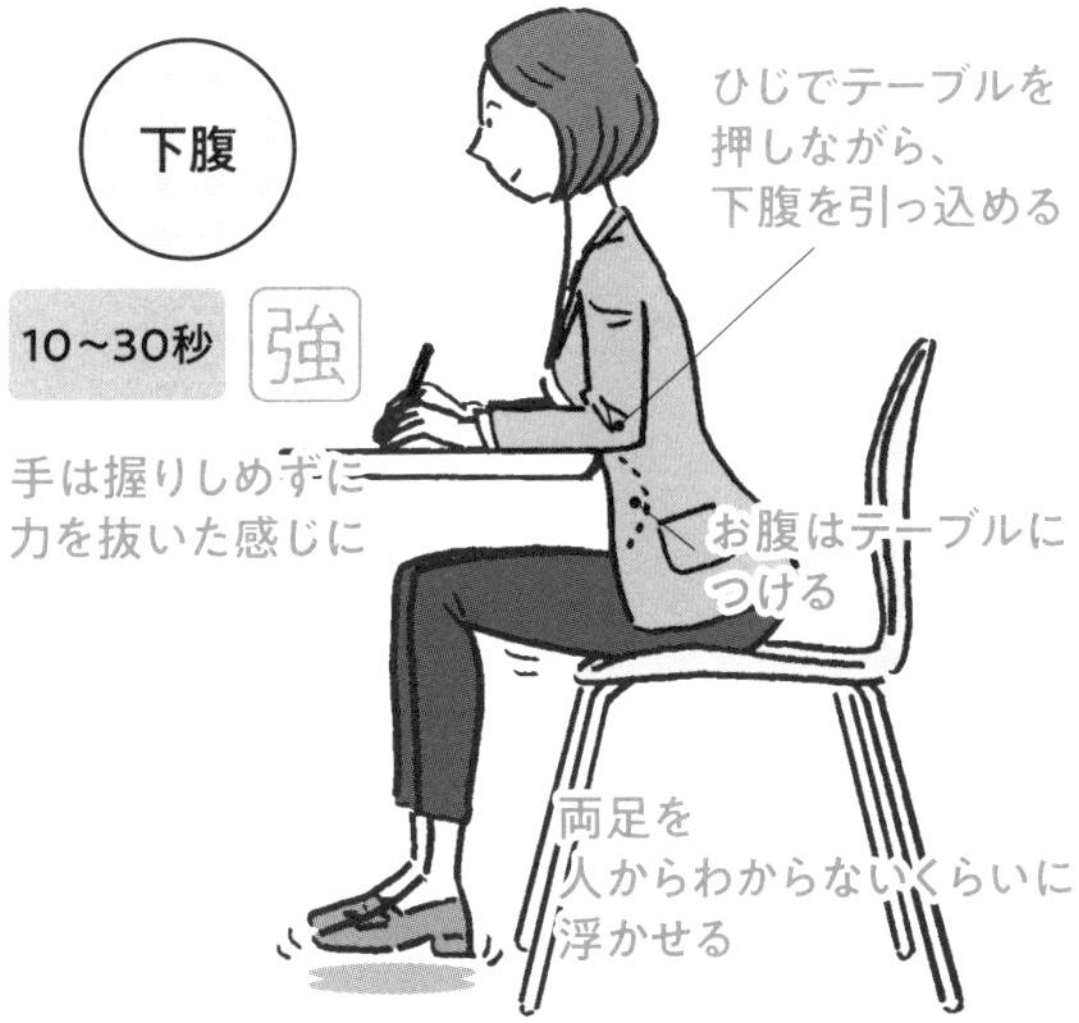
下腹
10～30秒
強
ひじでテーブルを
押しながら、
下腹を引っ込める
手は握りしめずに
力を抜いた感じに
お腹はテーブルに
つける
両足を
人からわからないくらいに
浮かせる

下腹やせには運動量は関係なし

お腹をなんとかしたいとして、いちばん悩みが多いのが下腹です。

食事でやせたのに下腹がちっとも凹まない、ハードな筋トレをしても凹まない、などなど多くのご相談を受けてきましたが、驚いたのが競輪の選手や市民ランナーなどアスリートの下腹が出ている、という現実でした。

大事なのは運動量ではなく、運動の種類なのです。

会議中にこっそり床を押すのなんて、まったく運動らしくありませんが、凹ませたい場所の筋肉の使い方として正しいわけです。下腹の変化を楽しみに行っていただきたいと思います。

やせる人やせない人の
違いとは?
3

潜在意識を味方につける人 VS 敵にまわす人

「私、何をやっても絶対にやせないんです！」と断言する人がいます。

それなりに理由があるとしても、そう断言し、確信していればいるほどやせなくても無理はありません。やせたいと言ってはいるけれど、一方では絶対にやせないと固く信じ込んでいる。これは潜在意識に「私は絶対にやせない！」と刻み込み、やせるメカニズムをブロックしているようなものだからです。

ある女優さんは、けん玉やビリヤードなど、その道のプロでさえ難しい技を短時間の練習でやってのけてしまいました。不可能としか思えない状況の中で「私はできる！ できる！絶対にできる！」と言い聞かせ、常識では考えられない能力を発揮、まさに奇跡を起こしてしまったのです。

体のことは科学では解明されていないことがまだとても多いですが、思い込むことが体に与える影響は計り知れません。

第4章

休憩

のルーティンに組み込む

やせる日常動作

床ではどんな座り方してます？

スマホ効果でスマ腹出現

お腹全体

10秒～ 中

体育座りして
両脚を
お尻に近づけ
抱え込む
ときどき、
つま先が
ついてもOK
下腹までを引っ込めて
足を少し浮かせる
スマートフォンで
スマートちゃん♡

やせるポイント！

スマホを見る時間を有効活用

床に座って両脚を抱え、足を浮かせます。この動作はバランスをとりながらお腹を引っ込めるので、少し難易度が高めです。

揺れてしまって難しい場合には、つま先を床に少しだけつけて行ってみてください。

これでもOK！

下腹の脂肪を減らしたい人におすすめ

座ってひざを抱え、つま先を上げることで下腹に少し力が入っている状態でさらにお腹を引っ込めます。お腹を引っ込める力が弱くても、下腹まで刺激を入れやすい動作です。休み休みでいいので長めに行います。

お腹
全体
10秒～
弱
スマホは
脚を抱えた手で
持ち、
つま先は
上げておく
自然に
お腹に少し
力が入る
さらに意識的に
下腹を凹ませる

効果アップ！

お腹を引っ込める力を高め、下腹をペタンコに

床に座って脚を持ち上げた状態でお腹を引っ込めます。強い負荷がかかった体勢からさらにお腹をえぐるように引っ込める動作なので、お腹を引っ込める力を高めるのに効果的。

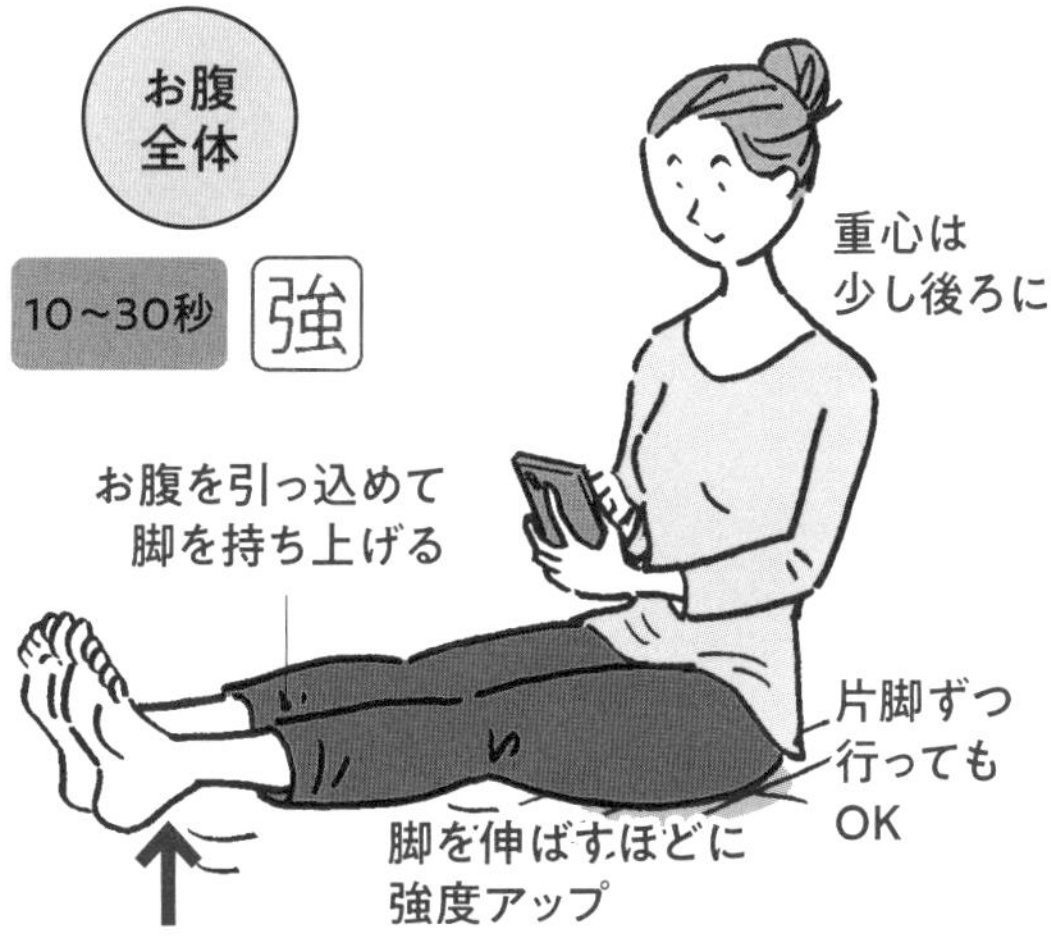
お腹
全体
10～30秒
強
重心は
少し後ろに
お腹を引っ込めて
脚を持ち上げる
片脚ずつ
行っても
OK
脚を伸ばすほどに
強度アップ

難しく考えず、自分の目的にあった動作を

同じような動作であっても、背中を丸めるのか、伸ばすのか。足を曲げるのか、伸ばすのか。

ちょっとした違いでかかる負荷の大きさや筋肉の使われ方が変わります。

でも、難しく考えなくて大丈夫！ 大事なのは気になる部位を自分の目的にあった形で使うことだけです。

お腹の場合は、ただ力を入れるだけではなくひたすら引っ込めて使うこと。見た目を細くするために最大限に大きな力で引っ込めるのか、カロリーを消費して脂肪を燃やすべく長く引っ込めるのか。大きな方向性だけおさえて行えばOKです。

心はまるでパリコレモデル！

カフェdeくびれ

脇腹

左右
各10秒～

中

脚を斜めにそろえて
近い脚の側の
脇腹を中心に
お腹を引っ込める
近いほうの脚を
わずかに浮かせる
浅めに
座るほうが
行いやすい

やせるポイント！

ひざを倒すことで脇腹の筋肉を使う

脚を斜めにそろえて座り、近いほうの脚側の脇腹を中心にお腹を引っ込めます。ひざを倒すことで脇腹の筋肉を使う割合を多くできます。脚を浮かせることが目的ではなく、ウエストがキュッと締まったことによって、結果、引っ張られて脚が浮いてしまう感覚で。両脚均等に行います。

やまない雨はない、
やせない体はない

脇腹
左右 各10秒～
弱
からませるように 脚を組む
上になっている 脚側の お尻を少し 浮かせる

これでもOK！

ぬけがけ動作で最強のくびれをつくる

脚をからませるように組んで、上になっている側のお尻を浮かせます。脚をからませるように組むことで、体幹が安定して行いやすくなります。余裕でできるという人は、からませず普通に脚を組んでお尻を浮かせます。

ここに注意!

見た目が残念だと、結果も残念なことに

背すじを まっすぐに保つ力が 足りないと 体が傾いてしまう
お尻を 上げてはいるが、 体が傾いている

お腹を引っ込めることだけを行うと、このような体勢になります。背すじを伸ばした状態でできないと効果が半減すると思ってください。

見た目的にも残念で友だちに「どうしたの？」と言われてしまうかも……。

まず背すじの伸ばし加減をコントロール

おしゃれなカフェでだって、できることはあります！

この動作を行う前に知っておきたいのは、背すじの伸ばし加減をコントロールする意識をもつとよい、ということです。

お茶をしている間、一瞬たりとも背すじを丸めてはいけない、という話ではないのですが、これまで座り姿勢に無頓着だった人がお尻を浮かせる動作を急に行うと、見た目がやや挙動不審になってしまう可能性があります。

まずは背すじを伸ばしておくことが苦にならなくなってから行うと、見た目も自然でスムーズだと思います。

私だけやせちゃってごめんね～

女子会でこっそり脚やせ

太もも前側

左右各10秒～

中

片脚を斜め下で伸ばして上げ、つま先を引き寄せた状態でキープ
脚を高く上げるほど、強度アップ
つま先を伸ばすとソフトに

やせるポイント！

太もものたるみに効く

座っているときに、脚を持ち上げる動作で太ももの前側を刺激できます。上げている脚の太ももをさわって、力が入って固くなっていればOK。脂肪を落とすなら、脚を低めにして長めに行うとよいです。

女の敵は女？それとも脂肪？

これでもOK！

O脚や内ももの たるみに効く

太もも内側　O脚

10秒～　中

脚と脚を押し合う動きで、太ももの内側の筋肉を使います。O脚や内もものたるみが気になる場合はできるだけ強い力で押し合い、内ももの脂肪を減らしたい場合には長く押し続けます。

太ももと
太ももを
ギューッと
寄せる
左右のひざで
押し合う
ふくらはぎ同士も
押し合うように
近づけると
O脚改善に

これでもOK！

細くしにくい 足首をキュッと

足首

できるだけ長く　弱

体重をかけずにかかとを高く持ち上げておくことで、ふくらはぎを太くすることなく足首キュッを目指せる動作です。足首は体の中でいちばん細くしにくいところなので根気よくどうぞ。

かかとを
できるだけ高く
上げておくだけ

脚を細くするには あせらず取り組もう

女子会でなくても椅子に座っているときならいつやってもいいのですが（笑）。

脚はお腹やお尻に比べると、部分やせの成果が出にくい場所です。

脚は普段、「歩く」という動作でそれなりによく使っているにもかかわらず、ついた脂肪というのは、なかなか落としにくい傾向があります。

脚を細くするためには、「長めに、または頻繁に刺激」というポイントをおさえて、結果をあせらずに取り組みましょう。

慣れてきたら、お腹も引っ込めて行えば一石二鳥。

涼しい顔をしてできるあなたはもう、ズルやせ動作の達人です。

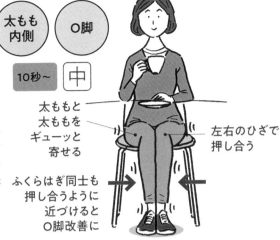

あなたは1日何回入りますか？

トイレは二の腕の神様

お腹全体

二の腕

10秒～ 中

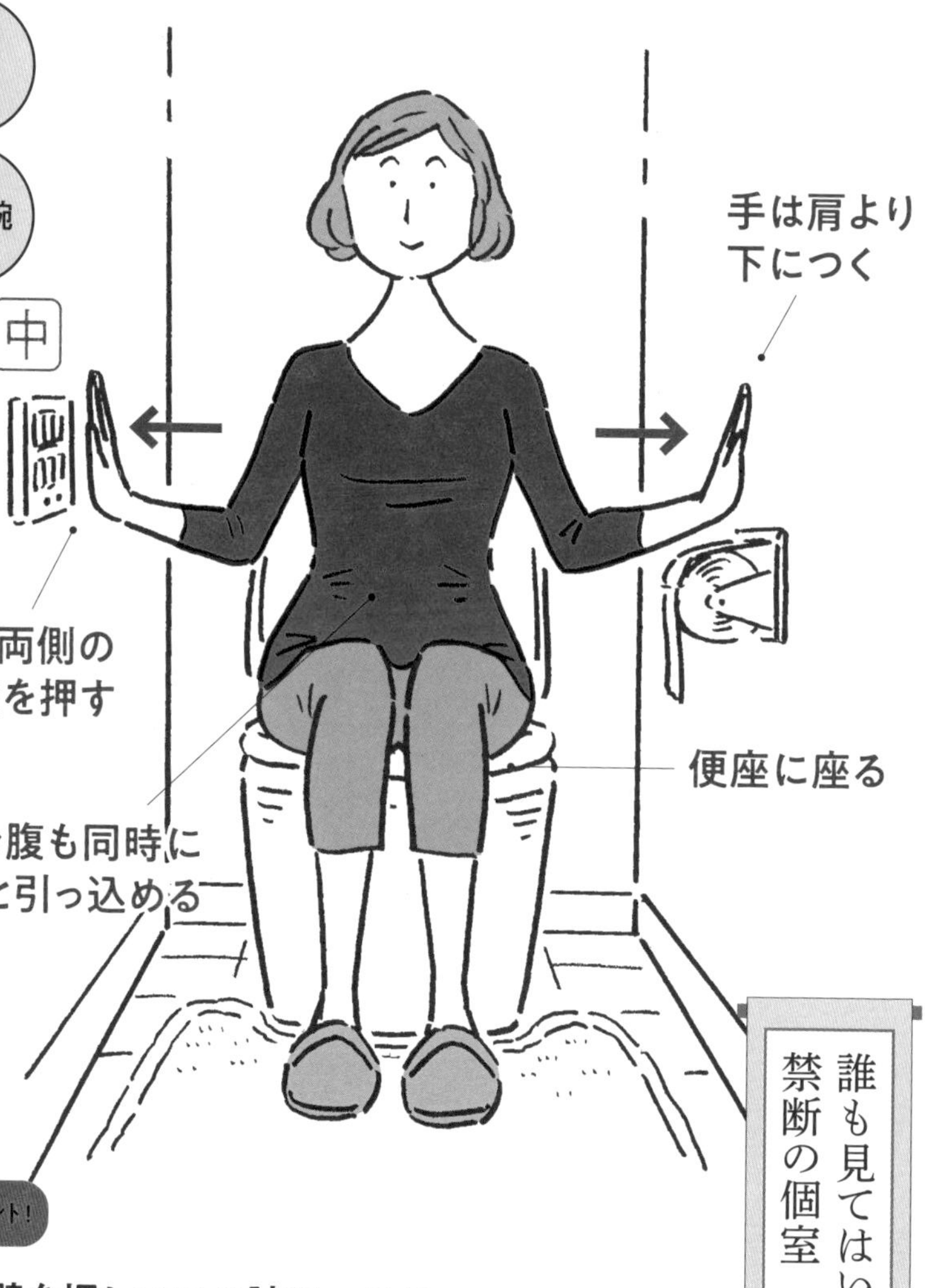

手は肩より
下につく
両手で両側の
壁を押す
便座に座る
お腹も同時に
ギュッと引っ込める
誰も見てはいけない
禁断の個室

やせるポイント！

両手で壁を押して二の腕ほっそり

トイレの壁を押す動作で、二の腕の筋肉を使うことができます。壁を押すと自然とお腹にも力が入りますが、さらにお腹を引っ込めることで、二の腕にも力が入りやすくなります。

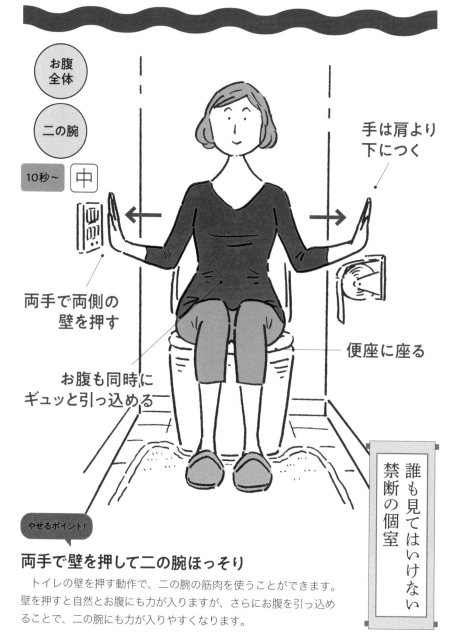

効果アップ！

前肩や猫背に効果的

便座に座り、体を前に倒して壁を押します。

手をつくのは基本的に肩より少し低めの位置がおすすめですが、壁までの距離や腕の長さなどによるので、肩甲骨の動きを感じられる位置に手をついて行ってください。

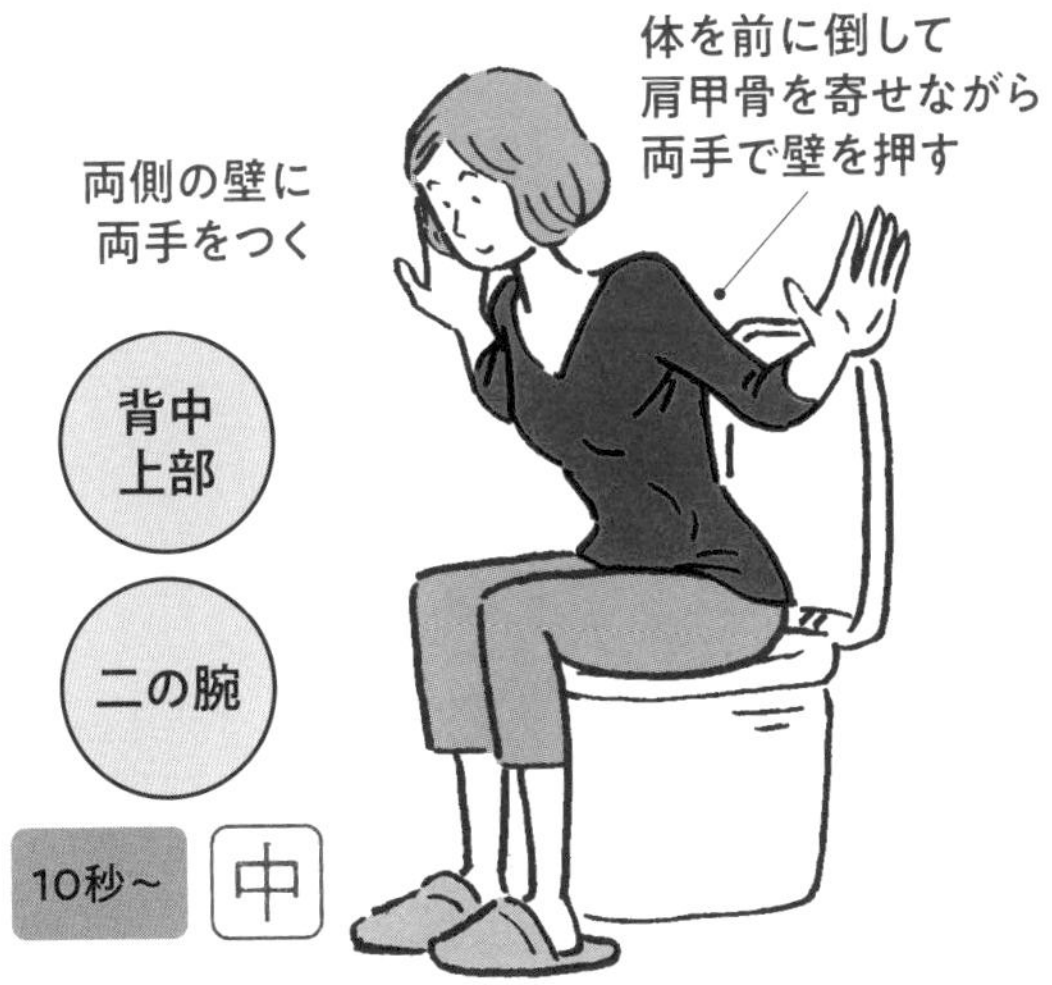
両側の壁に
両手をつく
体を前に倒して
肩甲骨を寄せながら
両手で壁を押す
背中
上部
二の腕
10秒〜
中

これでもOK！

便秘気味の人も お腹すっきり

体を後ろに倒した状態で壁を押すのは、便秘傾向でトイレの時間が長くなりがちな人におすすめ。

お腹を引っ込めながら行うのがベターですが、排便重視の場合は引っ込めるのではなく、力んでお腹に力を入れてみてください。

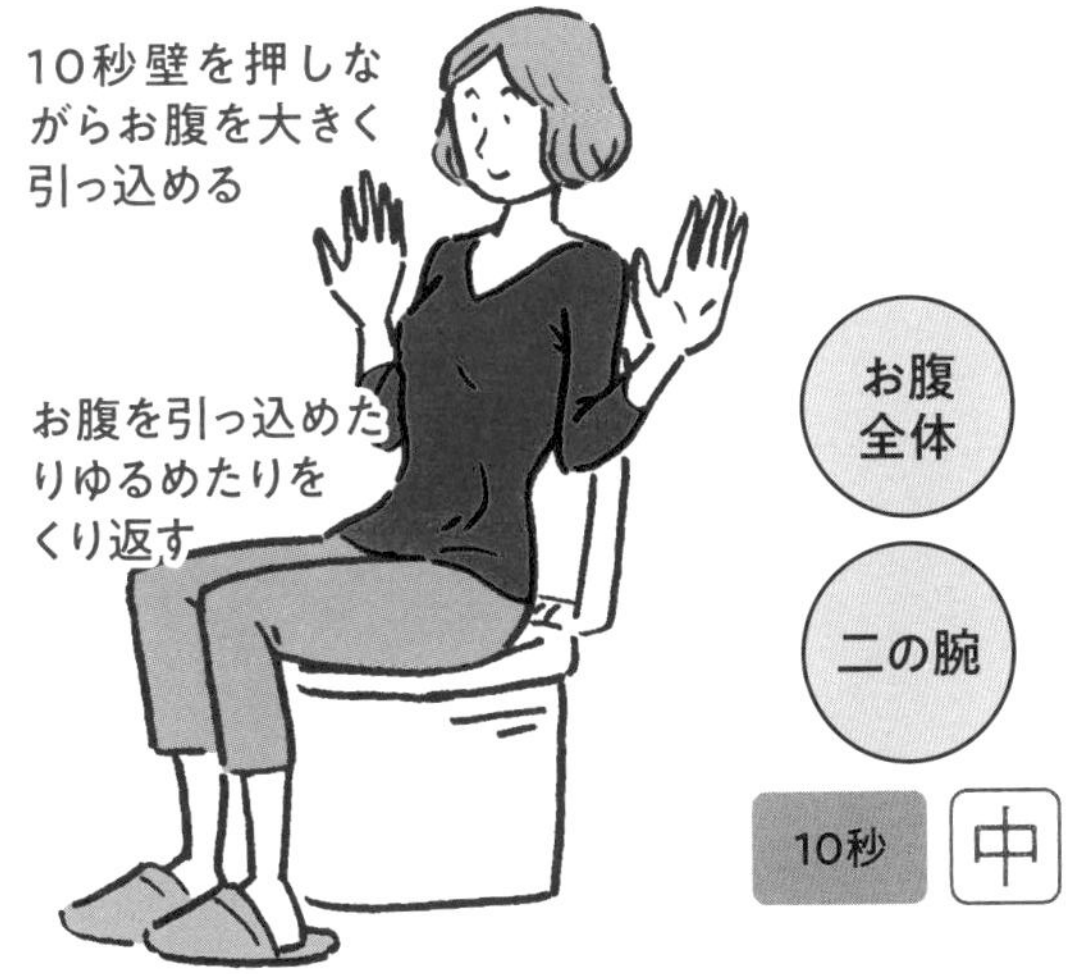
10秒壁を押しながらお腹を大きく引っ込める
お腹を引っ込めたりゆるめたりをくり返す
お腹
全体
二の腕
10秒
中

トイレに鏡とマスコットを置くと強い味方に

トイレに入ると、ほかのことを行うのはつい忘れてしまいがち。そこで私は座ったとき目の前にくる位置に鏡をつけています。鏡があると少し気まずいですけれど(笑)、「動作」を忘れずにすみます。

あと、トイレの中の目につく位置に、小さな動物のマスコットを置いています。これを見ると気持ちがほっこりして応援してもらっているような気分になるんです。がんばりすぎると疲れるし、かえって続かないのでマイペースがいちばんです。

トイレなら誰にも見られないので、なんでもありの空間。個人的には何かしないともったいない～と思っています。

秘密のスペシャルケアルームにようこそ

トイレでゆっくり全身やせ

太もも
前側

10秒～3分　中

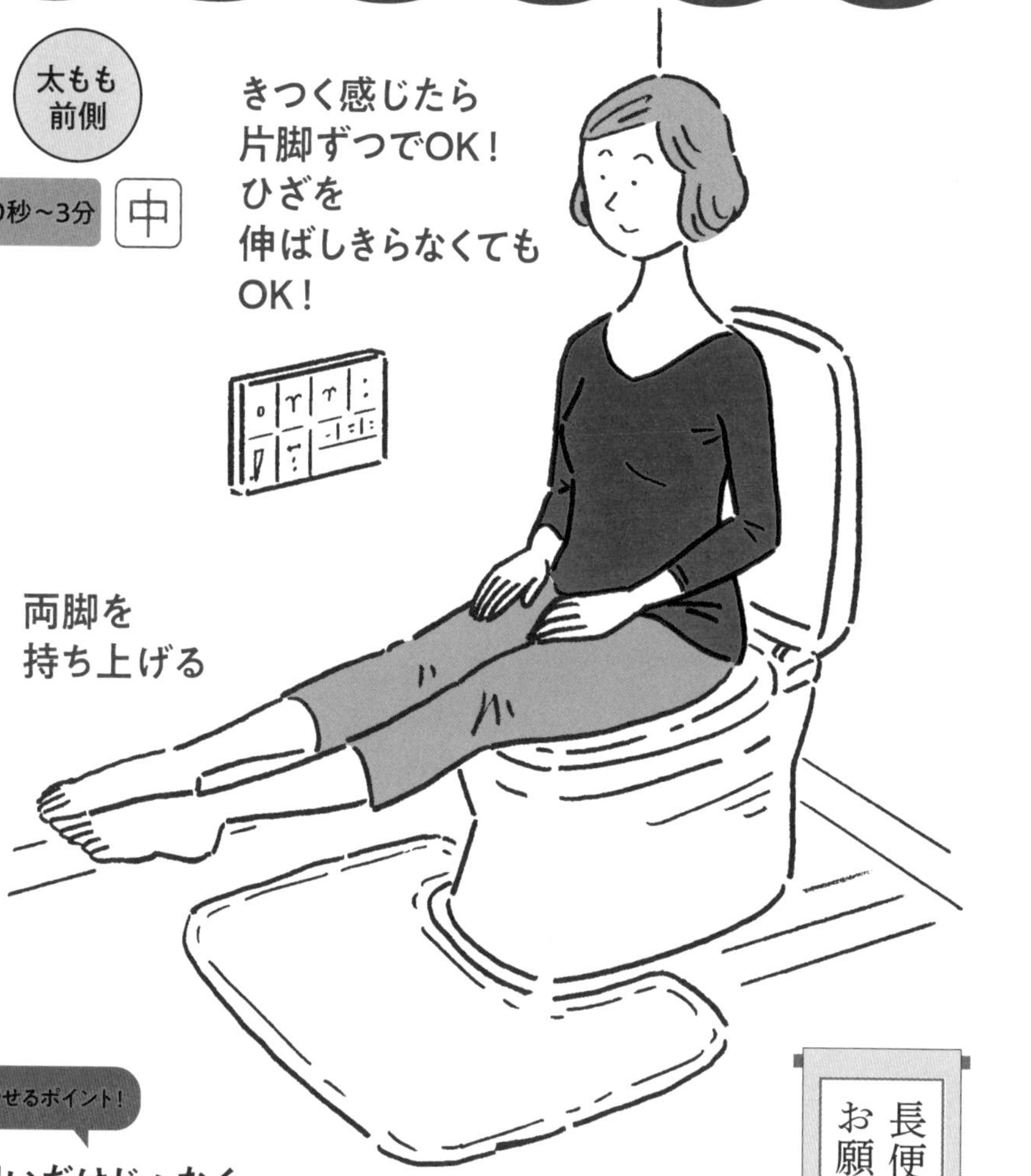
きつく感じたら
片脚ずつでOK！
ひざを
伸ばしきらなくても
OK！
両脚を
持ち上げる

長便はご自宅でお願いします

やせるポイント！

細いだけじゃなく、颯爽と歩ける脚もトイレでつくる

洋式トイレに座って脚を持ち上げる動作です。

つま先を前に向ければ太ももの前側に、つま先を外側に向けると内ももの引き締めに効きます。脚を伸ばしきるほど、また高く持ち上げるほど強度は上がります。

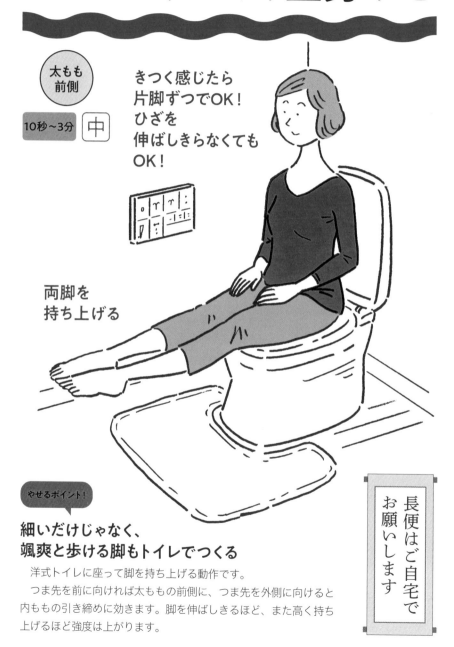

効果アップ！

人に見られないトイレで人に見られたい体になる

72ページで紹介した壁押し動作に、太ももを上げる動作を組み合わせたコラボ動作。

二の腕、太もも、下腹ほっそり動作を同時に行うのは少しきつめだけれど、時間効率を重視する人向け。

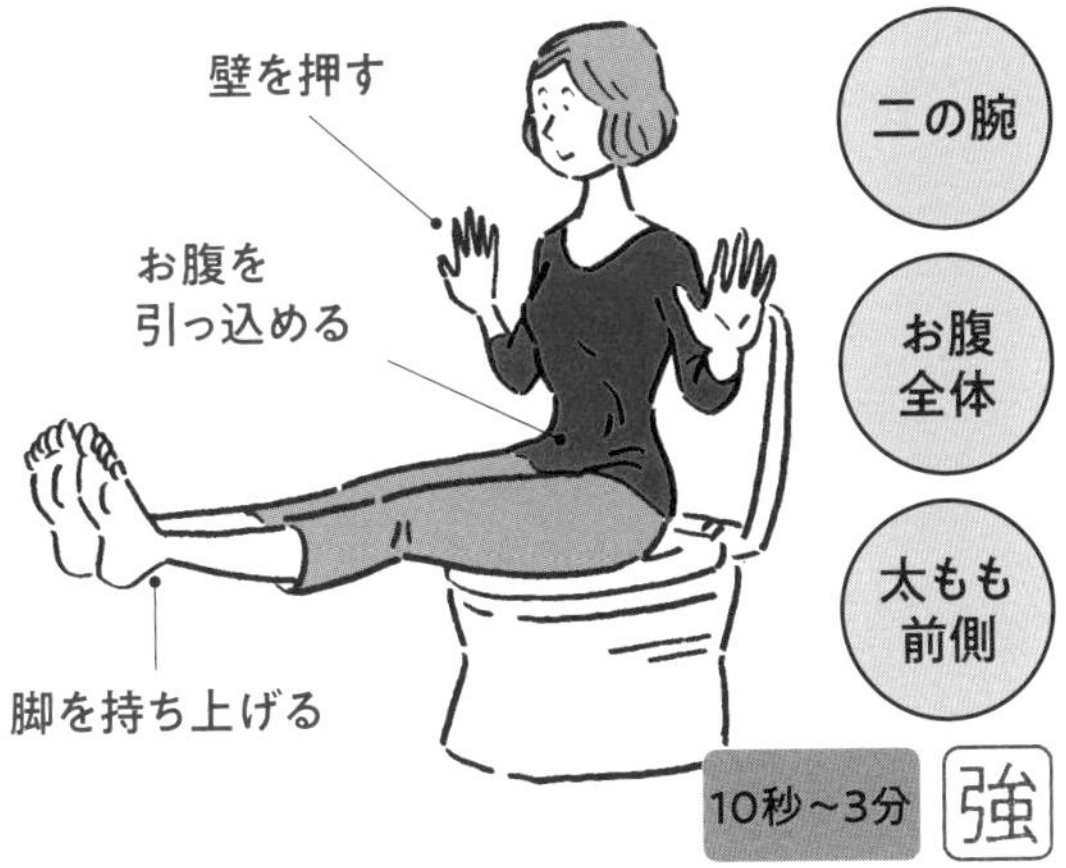
壁を押す
お腹を
引っ込める
脚を持ち上げる
二の腕
お腹
全体
太もも
前側
10秒～3分
強

効果アップ！

一石四鳥！トイレスペシャル

４つの動作を組み合わせたもので時間効率は最強。いきなりすべてを同時に行うのが難しい場合は、自分が重視したいところから順に個別に行い、少しずつプラスしていくといいですよ。

フェイスエクササイズも、ほかにお気に入りのものがあればそちらに置き換えてOK。

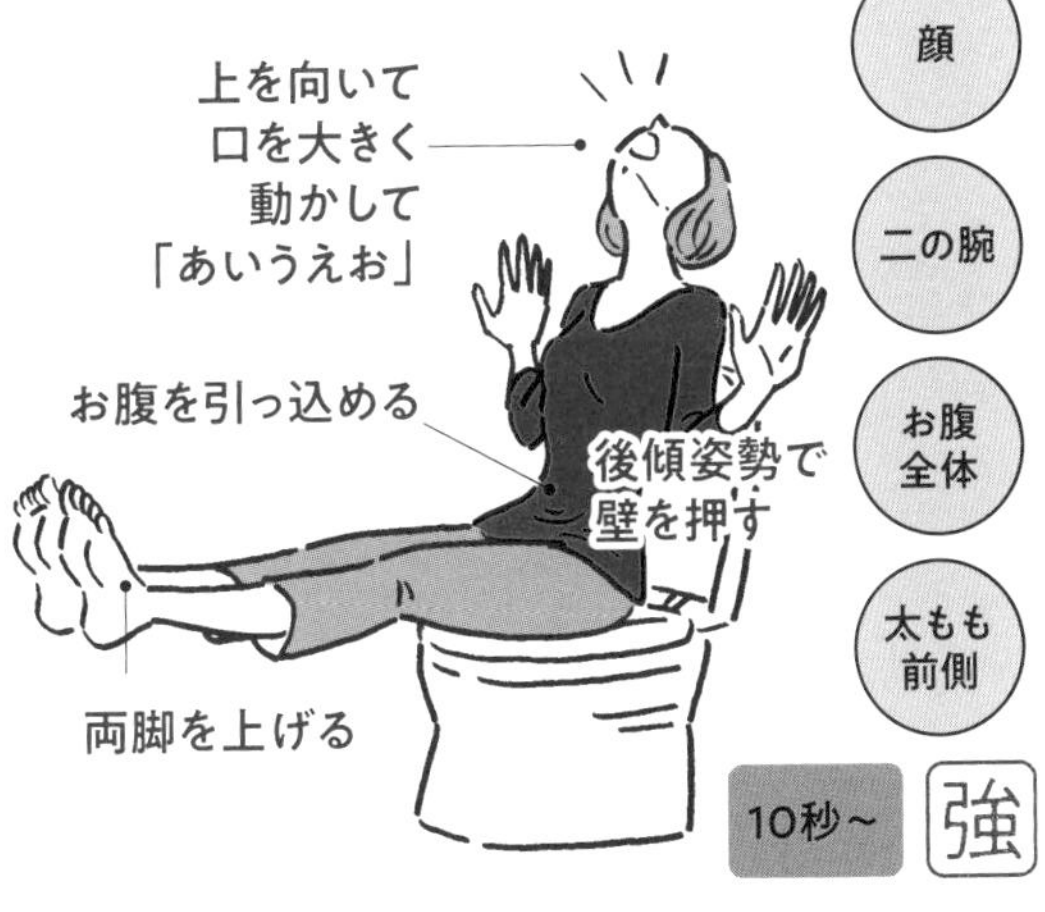
上を向いて
口を大きく
動かして
「あいうえお」
お腹を引っ込める
後傾姿勢で
壁を押す
両脚を上げる
顔
二の腕
お腹
全体
太もも
前側
10秒～
強

1日1回は自分流のトイレスペシャルを

私は、若いころはトイレの中ではフェイスエクササイズを行う程度だったのですが、近年は人にけっして見せられない「トイレスペシャル」を行うようになりました。

便秘気味になったとき、妊婦さんが出産時に使う椅子を思い出して体を後ろに倒してみたら、ただ力んでいるよりもずっとスムーズだったのがきっかけです。

トイレスペシャルは、自分に合うものを試してみてください。脚を持ち上げるのではなく普通に座ったまま内ももを締めるなど、自分流に行ってOKです。たとえ1日に1回の習慣でも、続けてきて本当によかったと思う瞬間がきっと来るはずです。

ゴロゴロダラダラの罪悪感にサヨナラ

横になるほどお腹が凹む

お腹
全体

10秒～ 中

横になって、
お腹を引っ込める
腕は
下ろしてもOK
両脚を伸ばすと
バランスをとる力も
必要になり強度アップ

やせるポイント！

ごろ寝しながらお腹やせ

横向きに寝て、手に頭をのせて寝転んだ状態でお腹を引っ込めます。この動作は脇腹からお腹全体に効きます。

サイズダウンが目的なら、ギューッと強く引っ込めるのを何回かくり返してください。軽めに引っ込めて長めに行うと、カロリー消費を促して脂肪を減らせます。

お腹をしっかり引っ込めることのできる、グラつかない体勢で行いましょう。

食べてすぐ寝ても牛にはならない⁉

これでもOK！

じわじわと脂肪を燃やす

お腹全体

30秒〜　弱

胎児のように丸まるのが、もっともお腹を引っ込めやすい体勢。この動作のメリットは、重力から解放されるので、動きにくい下腹を引っ込めやすいことです。無理なく引っ込め続けることでお腹回りの脂肪をじわじわと燃やす目的で行うのがおすすめです。

背中を丸めて
横になり、
お腹を引っ込める

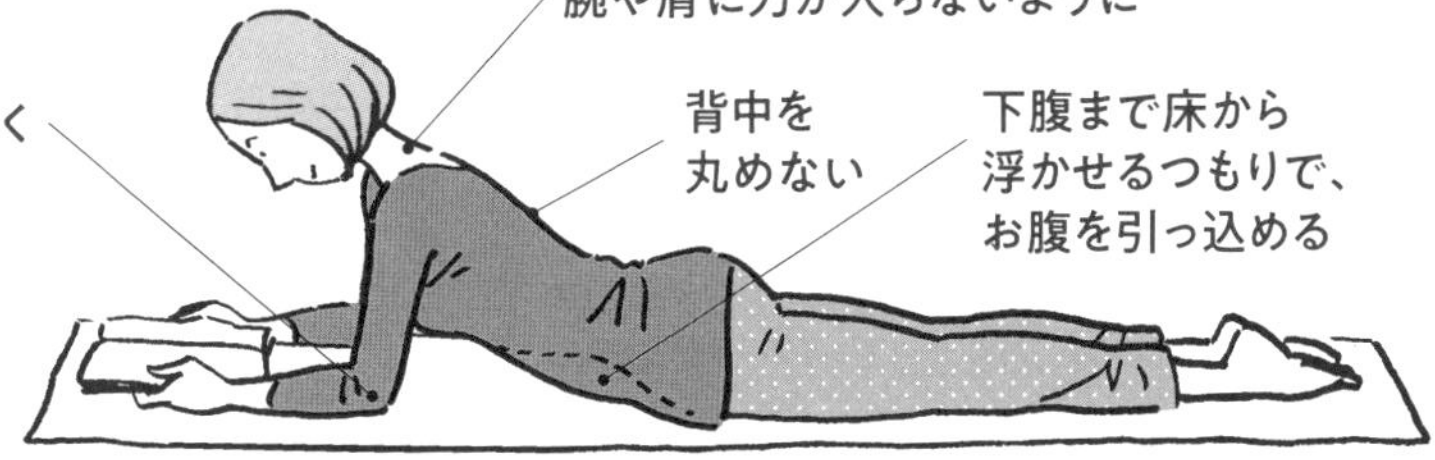
腕や肩に力が入らないように
ひじを床につく
背中を
丸めない
下腹まで床から
浮かせるつもりで、
お腹を引っ込める

効果アップ！

全力で引っ込めるとサイズダウン効果が高い

お腹全体

30秒〜　強

腹ばいでひじをついた状態でお腹を引っ込めます。この動作は内臓や脂肪の重みが負荷になるため意外ときつめです。全力で引っ込めるとサイズダウン効果が高いので、行う前と後でサイズを測ってみてください。スマホやテレビを見ながら、軽めに引っ込めて休み休み長めに行うのもありです。

やらない日があっても気にしなくてOK

横になってお腹を引っ込める動作は、どんな体勢で行うのか、どのように引っ込めるのかによって狙える効果が違ってきます。部分やせを狙ってがんばってギューッと大きく引っ込めるもよし、カロリー消費を狙ってまったりと長く引っ込めるもよし。

日常動作のよいところは、自分の目的やそのときの気分に合わせて行えるところです。怠けてやらない日があっても問題ありません。やめてしまわなければOKです。

いえ、やめてもまた始めればOKです。寝そべった状態でお腹を引っ込めるのはダラダラの罪悪感を打ち消してくれるメリットもあります。

やせる人やせない人の
違いとは?

4

体重の中身を知っている人 vs 知らない人

体重だけに目を向けている人は、体重が減ると油断して食べ過ぎたり、一喜一憂しがちでやせません。

体重は脂肪、水分、筋肉、骨などの総重量です。1Lの水を飲めば1kg体重が増えますが、水は0キロカロリーなので脂肪にはならず、おしっこや汗で体の外に出れば、体重は戻ります。

かたや脂肪は1kg約7000キロカロリーもあり、これは約3日分の摂取カロリー。小さめのバナナなら約100本、運動で消費するなら、なんとフルマラソン3回ぶんです。同じ1kgでも、脂肪の場合はとうてい数日でなくせるものではないのです。

体重が減らなくても、筋肉が増えて脂肪が減っていることもあります。体重の中身を知っている人は、サイズや見た目、体脂肪率に目を向けます。スムーズにやせるためには冷静に成果を判断することです。

第5章

外出

のルーティンに組み込む

やせる日常動作

ちょっとそこまで、歩数は気にしなくてOK

歩いてやせるには背中優先

お腹全体　背中全体

30秒～30分　中

目線を高く
背中はまっすぐに
お腹を
すぼめるように
引っ込める
歩き方の基本は
1に背中、
2にお腹

親の背中を見てやせる

やせるポイント！

歩き方を変えるだけで消費カロリーもアップ

胸を軽く開いて肩を引き、背中を伸ばしてお腹をキュッと引っ込めて歩きます。それだけで早歩きや大股歩きをしなくても、消費カロリーを増やせることがわかっています。体幹をしっかり使うのは、お腹やせにはもちろんのこと、ひざや腰の負担が減る歩き方でもあります。

効果アップ！

大股歩きはいいことずくめ

　上半身、下半身の筋肉をバランスよく使って歩くと、消費カロリー増加、脚やせ、脚腰が丈夫になる、といいことずくめ。ひざや腰に不安がある場合、いきなり大股歩きをするのではなく、基本の歩き方でお腹がほっそりしてからがよいです。

上に伸び上がり
ながら
歩くイメージ
大股で
つま先をしっかり
上げながら
大きな歩幅で歩く
全身
30秒
~30分
強

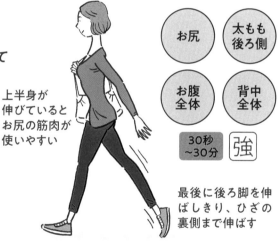

効果アップ！

後ろ脚を伸ばして歩いてヒップアップ！

　歩くときに後ろ脚を伸ばしきると、その脚側のお尻がキュッと持ち上がるようになります。慣れるまで一歩一歩、キュッキュッというお尻の動きを意識してみて。最初はぎこちなくても自然にできるようになりますよ。

上半身が
伸びていると
お尻の筋肉が
使いやすい
お尻
太もも
後ろ側
お腹
全体
背中
全体
30秒
~30分
強
最後に後ろ脚を伸
ばしきり、ひざの
裏側まで伸ばす

歩き方を変えれば体型は必ず変わる

　どんな歩き方をしても、生活するのには困りません。でも、普通に歩くだけでは筋肉をたいして使わず、脂肪がたまりやすくなります。

　たとえ忙しくても行えるのが「歩く」動作をバージョンアップすることです。歩き方を変えると、必ず体型が変わっていきます。

「背中を伸ばす」のを第一に優先するのは、効率よくお腹やせするために背中から引っ張る力が必要不可欠だからです。ベルトの穴をひとつかふたつきつめに締めて、お腹がベルトに食い込まないように背すじを伸ばしてお腹を引っ込めて歩く。これ、私もやっていますが、おすすめですよ。

ヘルメットもおしゃれに決まる!

自転車できゃしゃボディ

背中全体

自転車に乗っている間ずっと　弱

上半身を
直立させる
腕を突っ張り
気味にして
ハンドルを持つ

やせるポイント!

背中を使って お腹のたるみを引き上げる

背すじを伸ばすというと、お腹やせには無関係と思われがちですが、そうではありません。ぜひお腹の気になるところに手を当て、背すじを伸ばしてみてください。背すじを伸ばすほどにお腹側の筋肉も動き、お腹が凹み、たるみが引き上げられるのがわかります。

華麗なるママチャリ族

効果アップ！

お尻と太ももの境目が使われるのを意識して

ペダルをこぐときにつま先を上げ気味にして、かかとで下に押します。この動作でお尻の下部から太ももの裏側の筋肉が使われます。

上半身は直立
つま先を上げ気味にしてかかとに力をかけてこぐ
疲れたら普通にこぐ
背中全体
お尻
太もも後ろ側
かかとこぎと普通こぎを交互に
中

効果アップ！

背中を丸めないほうがお腹やせに効果大

体を前傾させた状態でお腹を引っ込めて自転車をこぎます。大きく前傾すると、内臓や脂肪の重みが負荷としてかかるので少しきつめになります。背中は丸めず、伸ばした状態でお腹を引っ込めるほうがより効果的です。

前傾して下腹を引っ込める
お腹全体
30秒〜5分
強

たった5分でも腹筋運動より効果大！

普通に自転車に乗るのと歩くのを比べると、下半身やせに効果が高いのは歩くほうです。でも、移動スピードはやはり自転車が圧倒的に速いので、自分の目的にプラスとなる乗り方に変えてしまえばいいのです。たった5分でも、意識して乗れば、ジムで腹筋運動をするよりもずっと効果的な運動になります。

自転車で、お子さんや重い荷物を乗せて爆走したり、急な坂を上ったりしていると、筋肉で脚が太くなることがあります。でも、ここでご紹介したように、太ももがパンパンになるような乗り方をやめれば余計な筋肉が落ちて脚は細くなりますよ。

階段の上り下りはカロリー消費も多くてお得！

階段は上半身で上ろう

お腹全体

できるだけ 中

上半身を軽く伸ばす
お腹を無理なくキュッと引っ込める

階段は無料で使えるジムと思え

やせるポイント！

上半身を軽く上に伸ばして上がろう

階段はつい避けてしまいがちですが、上半身を軽く上に伸ばせばラクに上れます。背中を丸めて前のめりになると、上半身の重みがずっしりと下半身にかかるため、腰やひざが弱い人には特につらい動作になってしまいます。体の使い方のちょっとした違いで全身の筋肉を合理的にラクに使えます。階段を使う動作は消費カロリーも高めです。階段をきらわないであげてください。

効果アップ！

ヒップの形は階段で整える

この動作ではお尻と太ももの裏側を使うことができます。おしりと太ももの境目が引き締まる動作です。ヒールが高めの靴のときは危ないので行わないようにしてください。

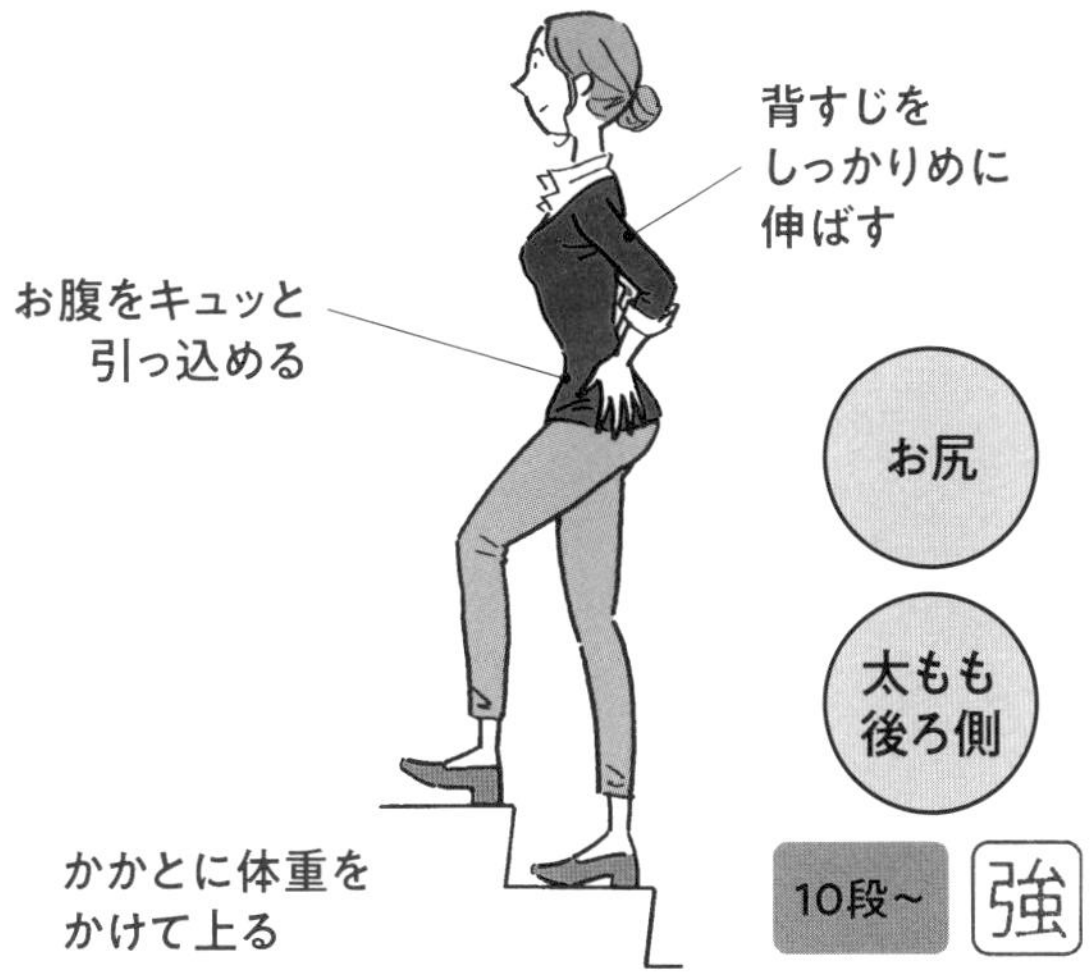
背すじを
しっかりめに
伸ばす
お腹をキュッと
引っ込める
お尻
太もも
後ろ側
かかとに体重を
かけて上る
10段～
強

これでもOK！

つま先着地でたるみ改善

体を後ろに倒し気味に階段を下りるだけで、下腹～太もも前側たるみに効かせることができます。

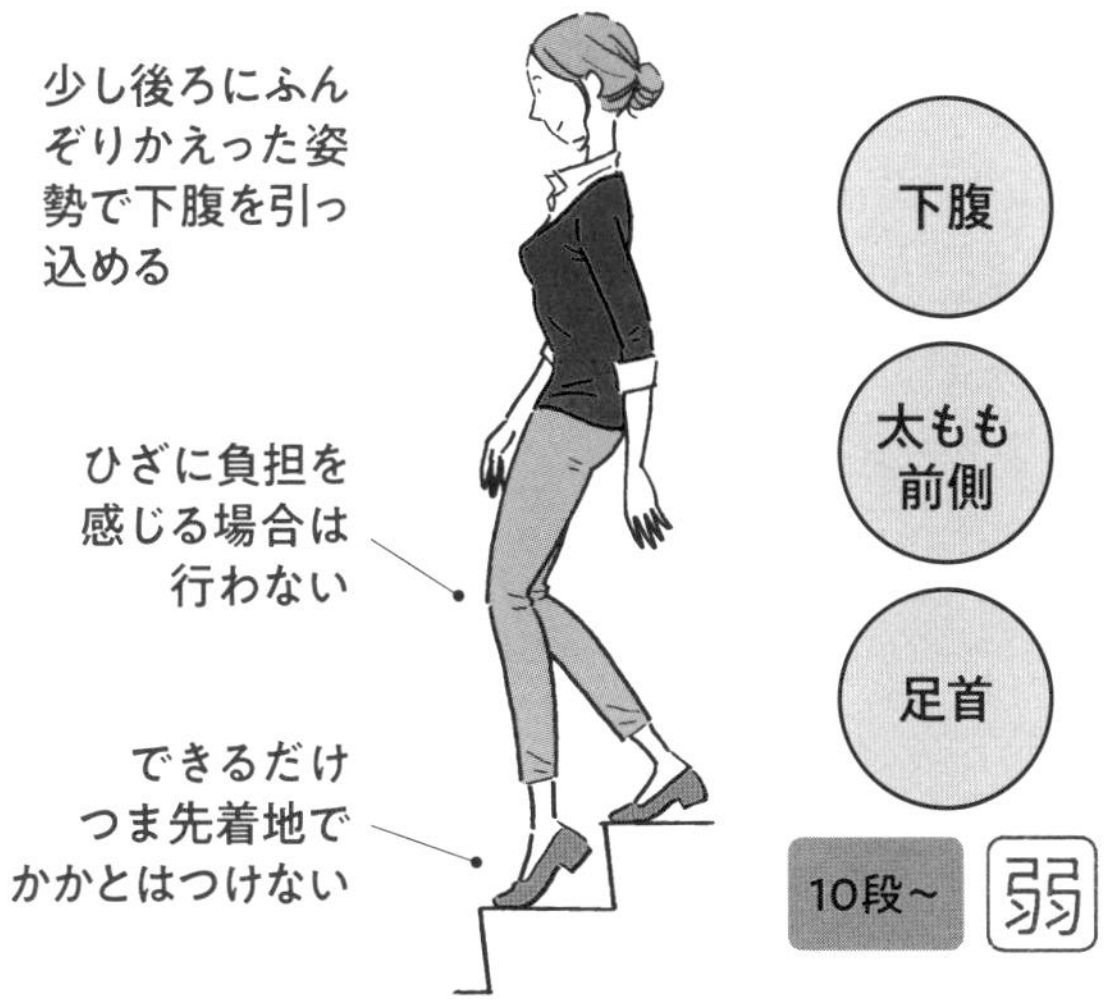
少し後ろにふん
ぞりかえった姿
勢で下腹を引っ
込める
下腹
太もも
前側
ひざに負担を
感じる場合は
行わない
足首
できるだけ
つま先着地で
かかとはつけない
10段～
弱

美容と健康のため、階段を積極的に使おう

ひざや腰が痛くて家の階段の上り下りを避けていた80代の女性の話です。

背すじを丸めないよう気をつけてお腹を引っ込めていたら、数日で痛みを感じなくなったそう。手すりなしで階段が使えるようになり、とても喜んでおられました。

階段をまったく使わなくなると、上り下りに必要な筋力や関節の機能がどうしても衰えやすくなります。

無理をするのは絶対によくないのですが、筋肉を上手に使えばあきらめなくてすむことは多いです。

美容のため、健康のため、階段を積極的に使っていきたいところです。

モデルがこっそりやっている

信号待ちで下半身一本締め

下半身　O脚

10秒～数分　中

左右二本の脚を
一本にするように
内側に寄せる
お尻をギューッと
内側に締める
脚を揃えて立つ

赤信号
みんなでやせれば暇じゃない

やせるポイント！

**気になるところには力が入りにくい。
そこを意識して！**

下半身を一本の脚にするように内側に締めます。下半身の脂肪を減らすには長めに締め続けるのが基本です。できるだけ強く締めると、O脚の改善にもなります。信号待ちは時間が短いので強く、長くやりたければ電車の中で行うなどもおすすめです。

これでもOK！

つま先を外に向けて内ももを中心に引き締める

　つま先を外に向けると内ももの筋肉が使いやすくなります。内ももの力の入れ方がわからない、うまくできないというときは行ってみてください。

下半身
O脚
10秒～数分
中
バレリーナのように
つま先を開いて行う
つま先は
大きく開かなくても
OK

これでもOK！

お尻と下腹重視なら脚を開いて締める

　太ももは普段歩くときに使っているため力が入りやすいのですが、お尻を締めることはめったにないので力が入りにくいです。太ももにばかり力が入ってしまう人は、脚を開くと太ももの筋肉が使いにくくなるため、お尻に力が入るようになります。そうすると下腹も引っ込めやすくなります。

下腹
お尻
10秒～数分
中
脚を
肩幅程度に開いて
お尻を締める

下半身を細くするなら

　下半身やせしたい一心でスクワットをやりすぎて、むしろ脚を太くしてしまった切ない経験が私にはあります。

　下半身やせには下半身の筋肉を使う必要があるのですが、肝心なのはその使い方。体重を負荷にして動かすよりも、内側に締めて使う、これが正解だと思います。私はお尻から脚の内側を締める日常動作で、ひどいO脚が直りました。「締める」という力を意識的に習慣として使わないと、体型がゆるむだけでなく、若くても尿トラブルを招いてしまうこともあります。お尻と脚を締める動作なら、椅子に座った状態でも、寝た状態でもできちゃいますよ。

座れなくてもがっかりしませんとも！

電車で二の腕シェイプ

二の腕
左右
各10秒～
弱
手の甲を
自分側にして
つり革を持ち、
つり革を押す
弾みをつけずに
ジワーッと押す

やせるポイント！

腕の後ろ側をさわってみて固くなっていればOK

　つり革を普通につかんでいるように見せかけつつ、二の腕を引き締める動作です。電車で座れなかったときには、すかさずつり革を確保しましょう。右利きの人だと左腕のほうがたるみやすいので、その場合は左腕を中心に行うといいですよ。

やせたいところに全集中

これでもOK！

電車の揺れを利用して下半身をしぼる

脚をクロスさせて下半身をしぼる動作では、下半身全体の筋肉を使います。脚をクロスするとお尻を締めやすくお腹も引っ込めやすくなります。電車の揺れに抵抗しながら、乗っている間中できるだけ長く締めておきます。

必ずつり革を
持って行う
片脚を前で
クロスさせて立つ
電車が揺れても
グラグラしないように
下半身を固めて
もう一方の脚でも同様に
下半身
左右各
1分～
中

効果アップ！

脂肪をしぼるつもりで体をしぼる

上の動作のように下半身をしぼった状態から、体の向きと反対側に上半身を軽くひねります。この動作は見た目が地味で人からも気づかれないくらいですが、行ってみると意外ときつめです。

体の向きと反対側に
上半身を軽くひねる
ぞうきんを
しぼるように
お腹をしぼる
脇腹
下半身
左右各
30秒前後
強

窓を鏡がわりに自分の姿をチェック

仕事帰りなどに電車の中でぜひ習慣にしていただきたいのが、鏡に映る自分の姿のチェック。

窓に自分が映る位置に立ち、背中の力を抜いてみたり、背すじを軽く伸ばしたり、めいっぱい伸ばしたりすると、見た目年齢や印象がかなり変わることを確認できます。

背すじを伸ばした状態からさらにお腹を引っ込めると、身長が少し高くなるとか、背すじを思いきり伸ばしているつもりがほとんど伸びていないとか、いい気づきのチャンスにもなります。

つり革を使った動作を行うときも、さりげなく窓を鏡がわりに使うといいですよ。

これぞ噂の女優持ち！

バッグを重《おも》りに二の腕キュ

二の腕

左右各 10〜30秒 | 中

肩が上がらないように
荷物を体の少し後ろで持つ

やせるポイント！

後ろで持てば腕のたるみに効く

荷物を持つときに普通は腕を曲げて体の前で持ちますが、腕を伸ばして体の少し後ろで持つと二の腕のたるみに効きます。左右の腕でたるみ加減に差がある場合は、より気になるほうの腕で長めに持ちましょう。

スーパーで 特売買いすぎ 腕ナミダ

これでもOK！

ブラのハミ肉を撃退する

バッグを肩にかけて持つときに、肩をしっかり引く動作は背中のハミ肉撃退に効果のある動作です。脇から肩甲骨付近に脂肪がつくのは、背中の筋肉をあまり使っていないから。猫背気味で巻き肩傾向の人にもおすすめの動作です。

背中上部
左右各30秒～
中
肩を上げないように注意
両方均等に行う
腕と肩甲骨とで背中のハミ肉をはさみ撃ちにして押しつぶすように力を入れる
バッグをかけた側の肩を後ろに大きく引いて脇を締める

これでもOK！

ろっ骨を内側に締める動きが上腹の出っぱりに効く

お腹の上部の出っぱりを気にしている人は、ろっ骨が開き気味の姿勢の人に多いです。また、胸を突き出しているのは、一見するとよい姿勢に見えるけれど、腰痛の原因にもなるので注意が必要です。

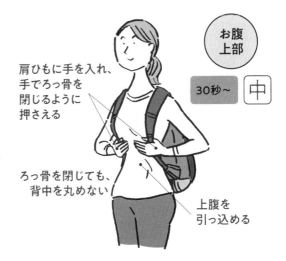

お腹上部
30秒～
中
肩ひもに手を入れ、手でろっ骨を閉じるように押さえる
ろっ骨を閉じても、背中を丸めない
上腹を引っ込める

腕ではなく体幹で持つように意識しよう

荷物を持つときに共通して気をつけたいことがひとつあります。

荷物は利き腕で持つクセがあり、このとき腕や肩の筋肉を中心に使って持っていると、荷物を持っていないときでも肩が上がった状態になってしまいがちです。悪い意味での「ちりも積もれば」で、体のクセの左右差が大きくなり、なかなか直せなくなります。

そこでおすすめしたいのは、どんな荷物も体幹で持つように意識すること。

たとえば、右の肩にバッグをかけると右の肩が上がりやすいのですが、背中をすっと伸ばすだけで下がっていた左の肩が上がりますよ。

スーパーは誰に見られているかわからない舞台です

レジ待ちで背中美人

背中全体

お腹全体

レジ待ち中の数分　中

上半身を上に引っ張って伸ばす
腰が後ろに引けないように
フルーツグミ
片方のつま先を上げ、お腹を引っ込めて立つ
左右同様に行う

やせるポイント！

腰を引かないように背中を伸ばしお腹を引っ込める

立ってつま先を高く上げると、腰が後ろに引けやすくなります。腰を引かないようにするためには上半身を上に引っ張り上げる背中とお腹の力が必要で、この背中を伸ばす力とお腹を引っ込める力が、くびれだけでなく平らな下腹になるために必要な力になります。

今ちょっと気取ってます

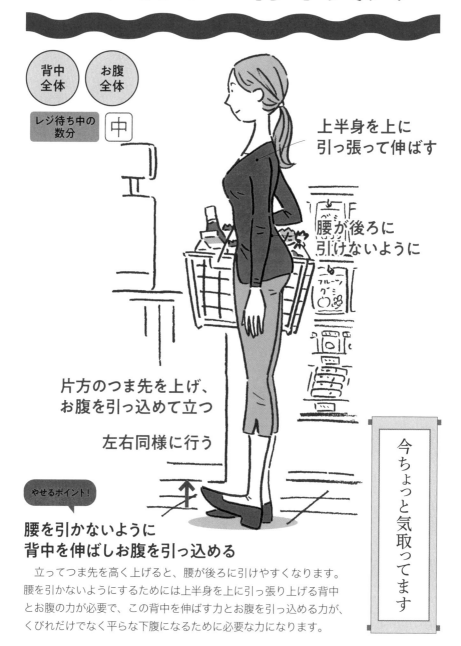

これでもOK！

買い物中は人目を意識！

背中を伸ばす動作は地味ではあるけれど、所作の美しさや見た目の印象を大きく左右します。疲れたときはがんばりすぎないで。行っていくうちに能力がついて自然に疲れなくなっていきます。

背中を
無理のない程度に
すっと伸ばしておく
疲れたらゆるめ、
また伸ばす
背中
全体
買い物中
ずっと
弱

ここに注意！

背中を丸めていると気持ちもネガティブに

筋肉の動きが精神状態に影響することがさまざまな研究で確かめられています。背中を丸めているだけで、無意識にネガティブな気持ちになってしまうのです。伸ばすときには伸ばし、休むときには思いきりゆるめる、このメリハリで無理せず元気も育みましょう。

普段から背中が
丸まっていると、
お腹もたるむ
見た目にも
生活に疲れた印象に

お疲れ猫背にご用心！

以前、いくつもトラブルが重なって疲れ果てた帰り道、スーパーで買い物をしていたときのこと。

「先生！」と声をかけられて振り向くとそこには生徒さんの姿が！　内心「ひぇーっ」と声を上げました。

普段から「背すじを伸ばしておくといいですよ～」と力説していたのに、その日の私はきっと相当な「お疲れ猫背」さん。

そのときの恥ずかしさをバネに、どんなに疲れても、とりあえずゆるーく背すじを伸ばしておくようになりました。

スーパーは、背中を丸めないと決めるのにうってつけの場所だと思います。

とにかく全力を尽くす瞬発力

改札の一瞬も腹凹チャンス

お腹全体

1、2秒　中

息を吐く
お腹を全力で引っ込める

大丈夫！誰にもバレないから

やせるポイント！

最小のウエストサイズまで引っ込める！

改札を通る瞬間、息を吐きながらお腹を最大限に引っ込めます。全力でお腹を引っ込めようとすると、どうしても息を止めてしまいがちなのですが、息を止めるのは、お腹やせの成果が非常に出にくい引っ込め方。肩に力が入り、ろっ骨を上げて引っ込めるのも同様です。息を吐きながらMax腹凹力を高めて。

効果アップ！

背すじをしっかり伸ばすと効果が高くなる

日々最大限に引っ込めることで、たるんだ筋肉をキュッと引き締まった筋肉に形状記憶させていく動作。背すじを伸ばすか伸ばさないか、またどの程度しっかり伸ばすかで効果の高さも変わります。

お腹のいちばん内側にある腹巻状の筋肉をギューッと引き締まった状態に鍛えるには、背すじをよりしっかり伸ばすほうが効果的です。

息を吐きながら
お腹を全力で
引っ込める
意識的に
背すじを
上に引っ張る
お腹
全体
背中
全体
1、2秒
強

効果アップ！

筋肉を使いこなせば腹凹最短の道に

背すじを伸ばし、口角を上げた状態で息を吐き出すのは難しいので、呼吸に頼ることなくお腹を引っ込めるしかありません。

この動作でお腹をMaxまで引っ込めて凹ませ力を高めていけば、あなたのお腹はもうやせたも同然です。

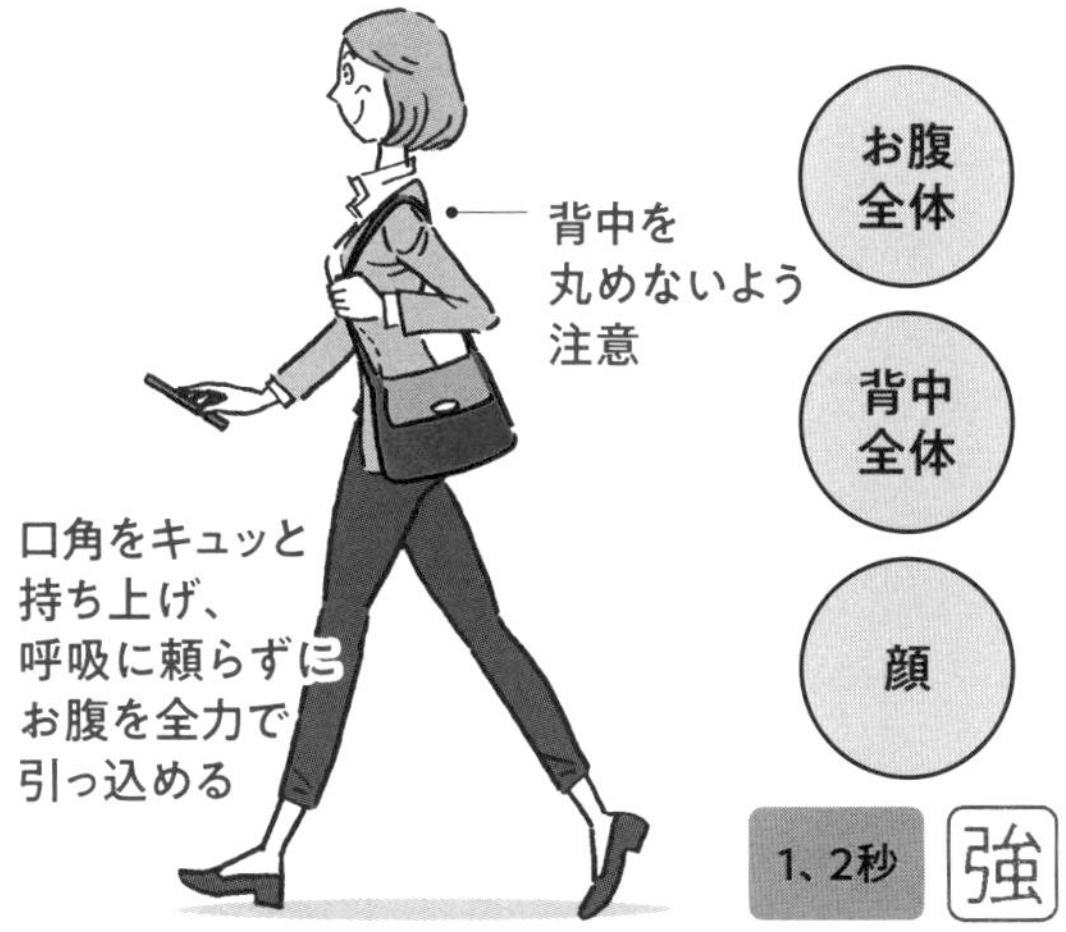
背中を
丸めないよう
注意
口角をキュッと
持ち上げ、
呼吸に頼らずに
お腹を全力で
引っ込める
お腹
全体
背中
全体
顔
1、2秒
強

お腹を引っ込める筋力は脂肪を燃やす最大の武器

全力でお腹を引っ込める動作を行うと、お腹を引っ込める「筋力」がアップします。筋力がアップすると、お腹やせしやすくなります。

筋力アップが、なぜお腹やせに効果的かというと、たとえば脂肪を燃焼する目的で軽くお腹を引っ込めて歩くときに、お腹が1㎝くらいしか凹ませられないよりは、3、4㎝と少しでも多く凹ませて歩けるほうが脂肪が減りやすいからです。

お腹をより大きく引っ込める力を高めることは、脂肪を燃やすための最大の武器になります。

やせる人やせない人の
違いとは?
5

自己流の人 vs マニュアルに忠実な人

意外かもしれませんが、やせないのはマニュアルに忠実な人。たとえば「有酸素運動は20分以上行わないと脂肪燃焼に効果がない」と聞いて20分以上行うものの、続けられずに最後は挫折してしまう。ゼロか100かの両極端な行動パターンになりやすいのです。

そもそもの話、なんでも言われたとおりにできるくらいなら、誰もやせることで苦労しないはず。

また、正しいとされていたことがじつは間違いだったとひっくり返ることもよくあり、何かを忠実に行うことにはリスクさえあるのです。

よいと言われても、自分にはどうなのかという視点を持てる人はやせる人。

うまくいかないときにも自分なりに軌道修正や工夫ができるかどうか。

ここがうまくいくか、いかないかの分かれ道です。

第6章

テレビを見ながらやせる日常動作

腕立て伏せが大嫌いなあなたへ

上半身スペシャル

胸
二の腕
お腹全体

10秒〜 中

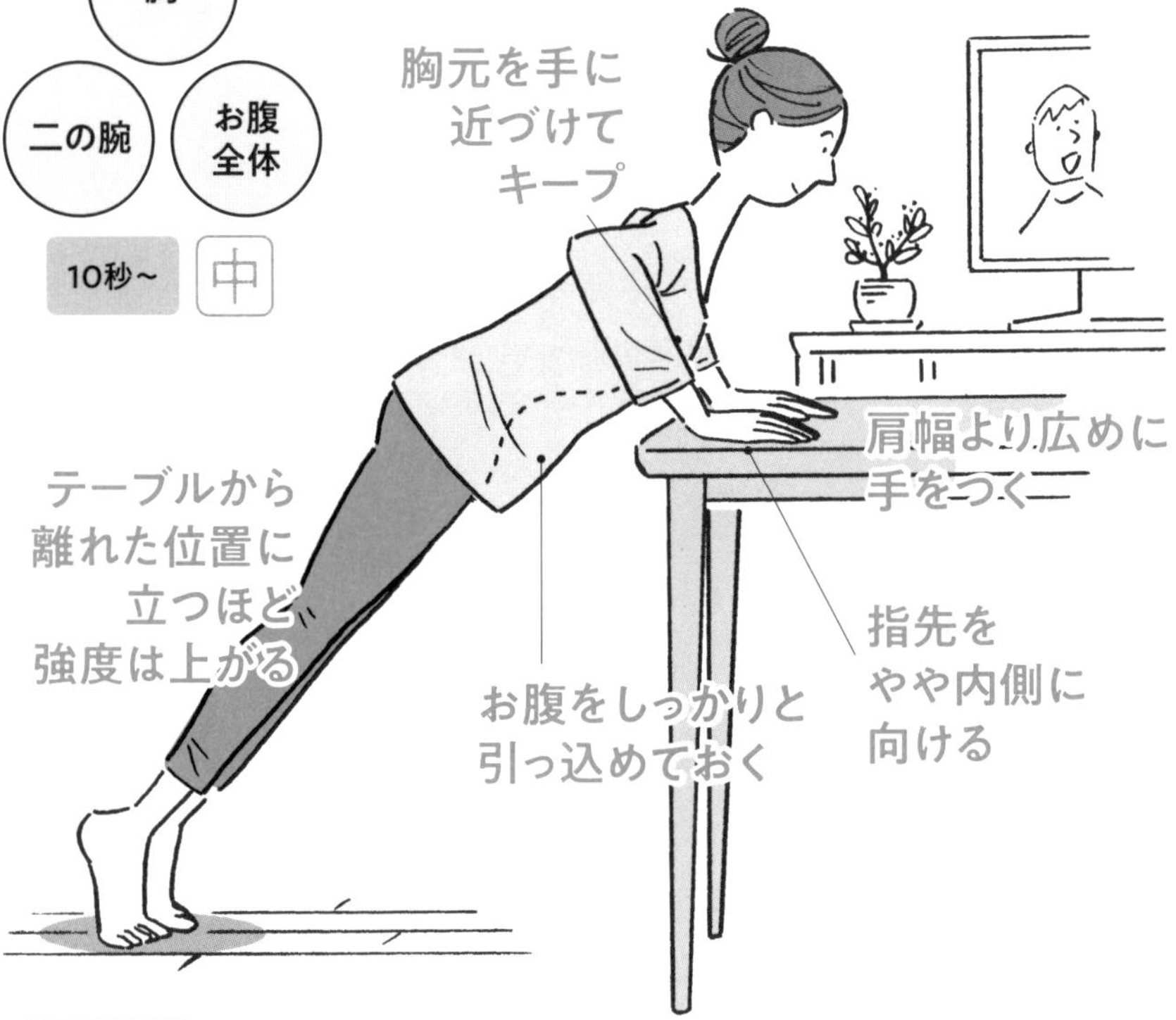

胸元を手に近づけてキープ
肩幅より広めに手をつく
テーブルから離れた位置に立つほど強度は上がる
指先をやや内側に向ける
お腹をしっかりと引っ込めておく

やせるポイント！

胸、肩、腕のラインを美しく タンクトップが似合う体に

胸、肩、腕に体重をかける腕立て動作です。はずみをつけずにゆっくりと胸を手に近づけていき「ちょっとつらい」ところでキープし、つらくなったらおしまいに。胸を引き上げる効果があり、肩から腕に適度な筋肉がつき、上半身はこれひとつでカバーできます。どのくらいできるかは個人差が大きいので、自分が「少しきつい」と感じる位置で秒数や回数を調整します。

つらいの嫌い、でも時短好き

これでもOK！

胸より腕を重視したいなら脇を締めて

壁に手をついて行う腕立て動作は、テーブルに手をついて行う動作よりもソフト。

脇を締めると二の腕の引き締め効果が高めになります。

壁から離れて立つ
胸元を手に近づけてキープ
肩幅より広めに手をつく
指先をやや内側に向ける
お腹をしっかりと引っ込めておく
かかとを上げると強度アップ

胸

二の腕

お腹全体

10秒～ 弱

効果アップ！

ちょうどよい強さで行ってハリのある上半身に

腕立ての動作を行うと、誰でも多少なりとも筋肉がつきます。

この筋肉が上半身のボディラインを美しくしてくれます。

お腹をしっかり引っ込める
胸元を手に近づけてキープ
手とひざの位置が遠くなるほど強度が上がる
指先をやや内側に向け、手は肩幅より広めに

胸

お腹全体

二の腕

5秒～ 強

つらくないのでもう30年近く続けています

ひとつの動作で、バストアップ、二の腕、お腹と3つの効果があるこの動作は少しきついけれど、普通の腕立て伏せほどつらくないし、時間効率的にはとてもおすすめです。

私はつらい筋トレは続かないので行わない主義ですが、テレビを見ながらの腕立て動作だけはマイペースにもう30年近く続けています（毎日ではありません）。

一般的な腕立て伏せとの大きな違いは、腕を曲げたり伸ばしたりせず動かさずにキープして行うという点です。お腹をしっかりギュッと必要以上に引っ込めて行うから腕立て伏せよりもお腹にきっちりと効かせることができます。

細腕は女子力のバロメーター！

ソファでまったり二の腕対策

二の腕

10秒～数分　中

指先を前に向け、
脇を締めて
体の後ろにつく
足を床から1mm
浮かせてキープ
体重を後ろにかけて
ひじを深く曲げる

まったり女子は二の腕をかくさない

やせるポイント！

二の腕にハリを出すなら短く、細くするなら長く行う

脇を締め、指先を前にして、体の後ろに手をついてひじを曲げ、体重を二の腕にかけます。この動作は二の腕の引き締めに効果的。たるみ解消には強めの負荷をかけ、脂肪を減らしたい場合は弱めでいいので長く負荷をかけます。つらければ足は上げなくてOKです。

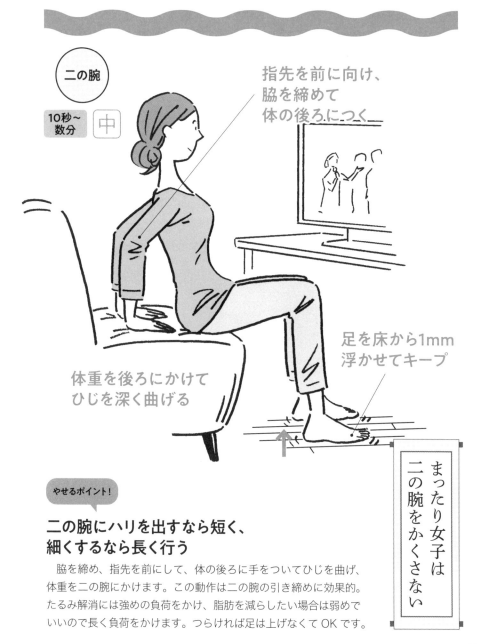

これでもOK！

ソファでは深く座る。ひじが深く曲がらないぶん長く行ってほっそり腕に

ソファなどの背もたれがある椅子で行う場合、ひじを後ろに大きく曲げるのは難しいです。

また、背もたれが二の腕を支える形になるので、負荷としてはソフトになります。休み休みでも長めに行うと脂肪を減らすことができます。

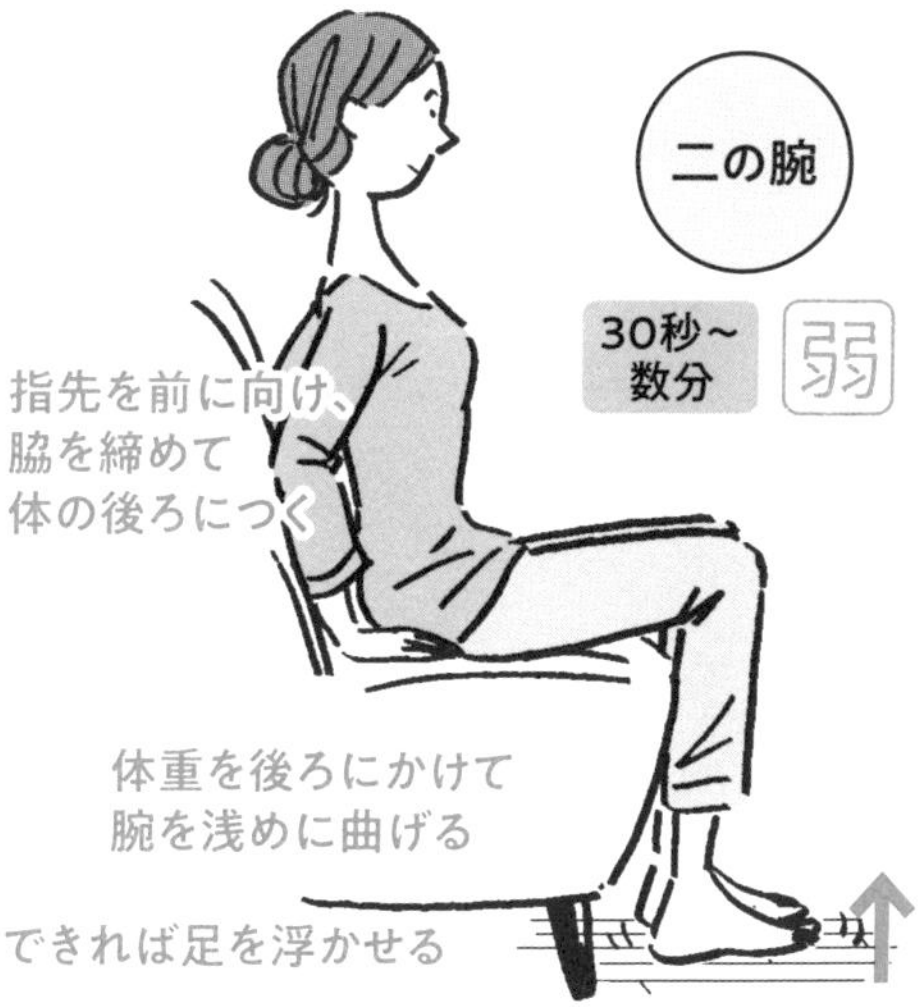

二の腕
30秒～数分
弱
指先を前に向け、
脇を締めて
体の後ろにつく
体重を後ろにかけて
腕を浅めに曲げる
できれば足を浮かせる

効果アップ！

体重の重みを使ってハリのある二の腕に

床でお尻を浮かせて行う二の腕曲げ。

この動作では、体の重みが二の腕の筋肉にかかります。たるみがどんどん引き締まります。

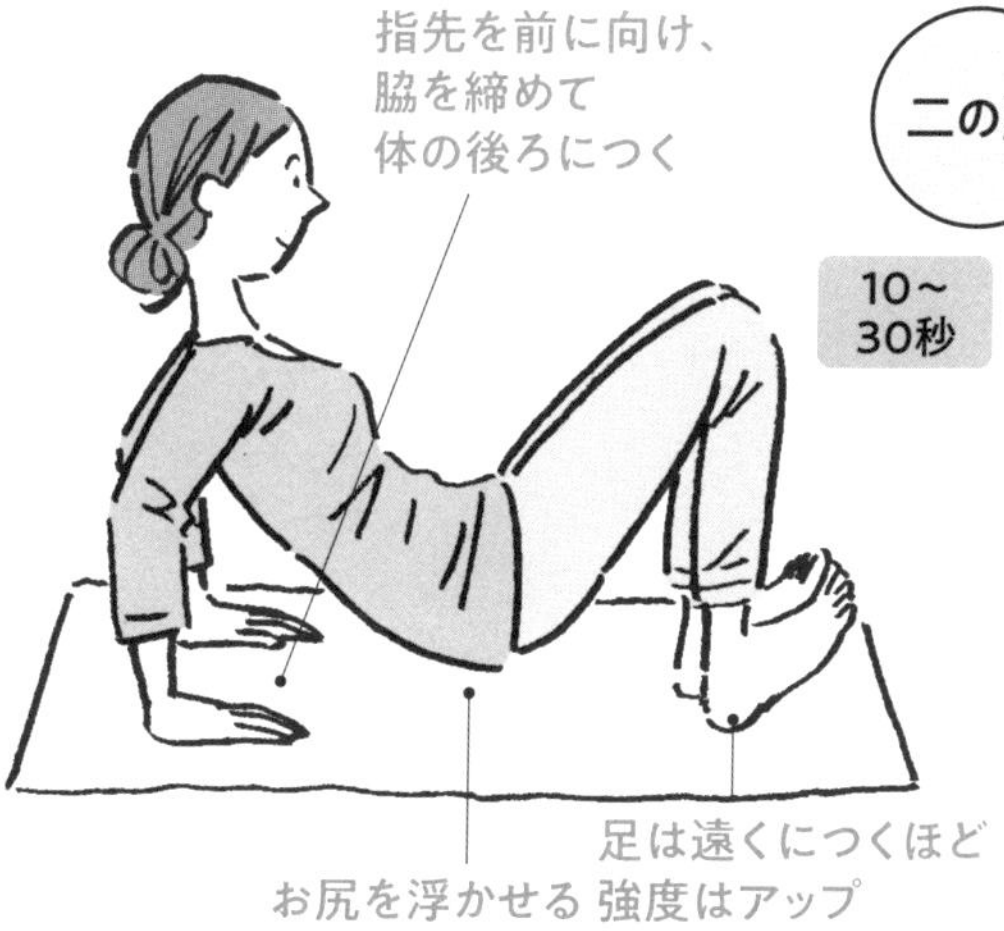

指先を前に向け、
脇を締めて
体の後ろにつく
二の腕
10～30秒
強
お尻を浮かせる
足は遠くにつくほど
強度はアップ

やめさえしなきゃ効果は確実！

二の腕の脂肪は、食事でやせても非常に落ちにくいのですが、この動作をコツコツ続けると、必ず「やっててよかった～」と思える日がやって来ます。

私は、この体の後ろでひじを曲げて伸ばす動作を朝、起き上がるときにも取り入れています。

体の後ろに手をついてひじを曲げ、腕を伸ばしながら起き上がるのですが、きつさはゼロです。

この動作の後に、腕の裏側を強く引っ張って伸ばすとより効果的ですよ（37ページ）。

二の腕を少しでも早くほっそりさせたい場合は、組み合わせて行ってみてください。

すごいラクなのに、すごい効果

頬づえ正座で美腹づくり

お腹全体

30秒〜数分　弱

頬づえをついて
下腹まで引っ込める
苦しい場合は、
少しお尻を
浮かせる
ひざを折りたたんで
お腹を抱え込む
ひじの位置を
前にするほど
強度アップ

私、テレビを見ているだけなので

やせるポイント！

つらくないのに ハードな腹筋運動よりも効果的

床にひじをついてあごを乗せた状態でお腹を引っ込めます。この楽勝レベルの動作で、お腹の脂肪をじわじわと燃やしていくことができます。引っ込めたり、力を抜いたり、動画でも見ながらまったりと行いましょう。

効果アップ！

きつい！ でも速攻でサイズダウン！

お腹全体

～30秒 強

ひじとひざをついた状態でお尻を締め、30秒を目標にお腹を精一杯引っ込めます。この動作はけっこうきついですが、2、3回行った直後にウエストサイズがスッと落ちるほど効果的。一時的にお腹回りの筋肉がキュッと締まり、続けることで定着していきます。

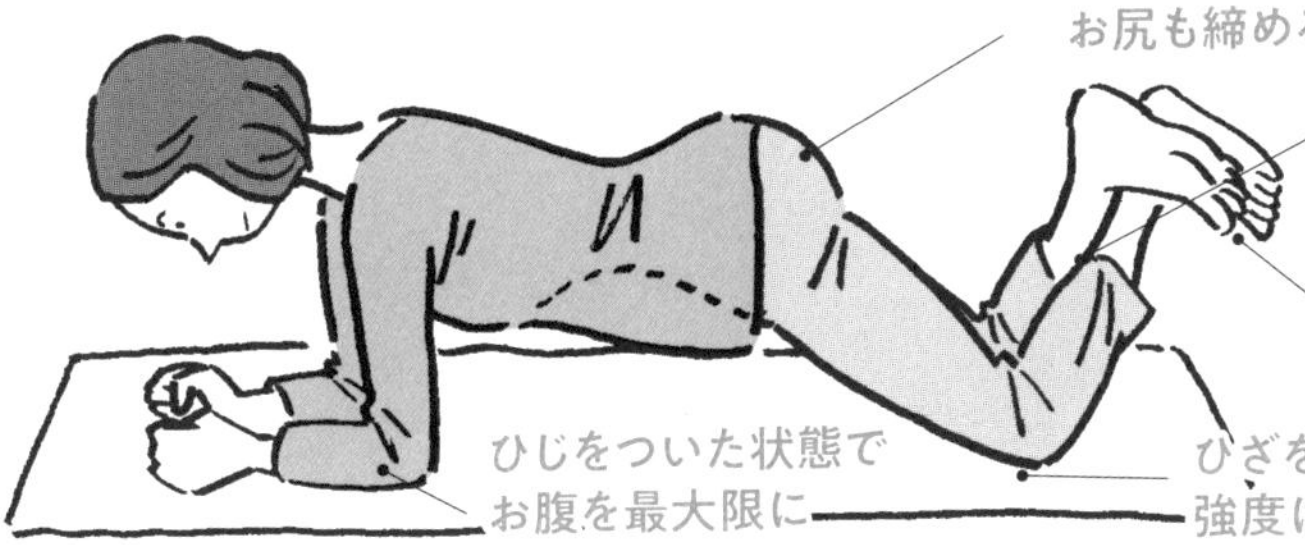
お尻も締める
ひざから先を立てるように曲げる
足をからませると行いやすい
ひじをついた状態でお腹を最大限にギューッと引っ込める
ひざを遠くにつくほど強度はアップ

これでもOK！

あおむけでひじとひざをクロスさせる腹筋運動は必要なし！

両ひざを倒した状態でお腹を引っ込めると、脇腹に効きます。左右同じくらい行いましょう。

両ひざを倒した状態で座り、後ろに手をついてお腹を引っ込める
上脚をわずかに持ち上げると強度アップ
反対側も同様に

脇腹

左右 各10～30秒 中

即サイズダウン！ それにはワケがある

同じお腹を引っ込める動作でも、どんな体勢で行うかによってお腹にかかる負荷が違ってきます。

このページの上の動作のように、お腹にかかる負荷が大きな体勢で、より強い力でお腹を引っ込めると、行った直後にウエストサイズがガクンと落ちます。

そのからくりは、動作を終えても、筋肉がギュッと収縮した状態がしばらく残るため。もしサイズが落ちないとしたら、お腹を引っ込める筋力が弱く、内臓や脂肪を持ち上げられなかった可能性が高いです。めげずに続けることで、より大きくお腹を引っ込める力はついていきます。

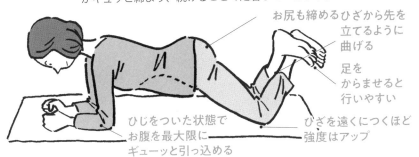

ゴロ～ンとしたらついでにちょっと

床上で美尻三連チャン

お尻

左右各10秒～ 中

上半身は
力まない
腹ばいで
お腹をグッと
引っ込める
片脚を
できるだけ高く
持ち上げて
キープ

やせるポイント！

腰にやさしい
片脚ヒップアップ動作

　テレビに顔を向けて腹ばいになって片脚を持ち上げ高い位置をキープする動作は、ヒップアップに効果的。両脚で行うよりも腰にやさしいやり方です。

美尻は寝て待て

効果アップ！

お腹とお尻、表と裏側を同時に鍛える

お尻

10秒～　強

腹ばいで両脚を高く持ち上げます。この体勢は上半身に力が入りやすいのですが、上半身はリラックスさせて行ってください。大事なのは、お腹とお尻とで腰回りをギュッと締めつけた状態から、脚をより高く持ち上げることです。

お腹をしっかり引っ込めた状態で行う
両脚を同時にできるだけ高く持ち上げる

効果アップ！

ペタンコのお尻を丸く整える

お尻

10秒～　強

腹ばいになり、左右の足の裏を合わせた状態で脚をできるだけ高く持ち上げます。お尻の両サイドに効かせることができるので、扁平な形のお尻を全体的に丸くしつつヒップアップしたい人におすすめです。

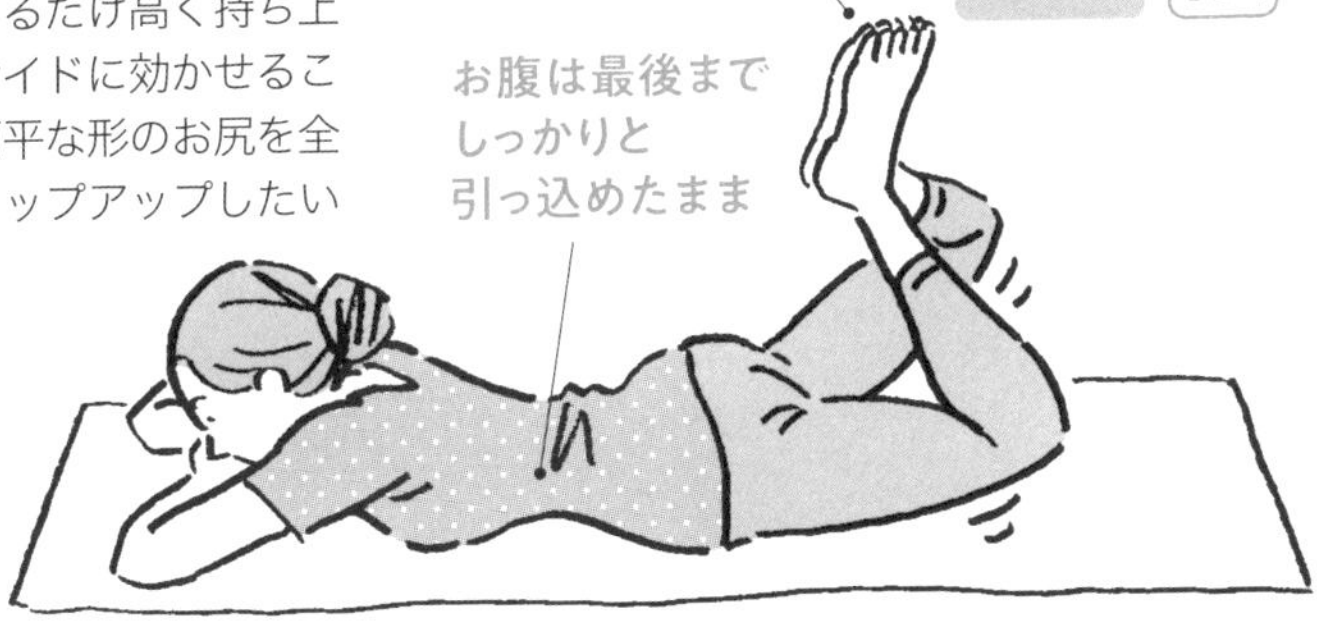
左右の足の裏を合わせたら、そのままできるだけ高く持ち上げる
お腹は最後までしっかりと引っ込めたまま

お尻を鏡に映して目指す形を明確に

お尻の筋肉のおすすめの使い方は大きく分けてふたつあります。

左右のお尻を内側に寄せて小尻にする動作と、脚を体の後ろで持ち上げるヒップアップの動作です。

自分のお尻を鏡に映して観察し、目指す形を明確にしておくとよいです。

ここではヒップアップに効果的な動きを紹介していますが、立って行うよりもきつめであるぶん効果も高く、何が何でもヒップアップしたい人は毎日の習慣にしてみてください。

そこまでではないという人は、週1で楽しみにしているテレビ番組の前やCM中に行うといいでしょう。

ずっと同じ体勢でいると疲れますから

ひざ立ち自重で下腹アタック

下腹

太もも前側

10〜30秒　強

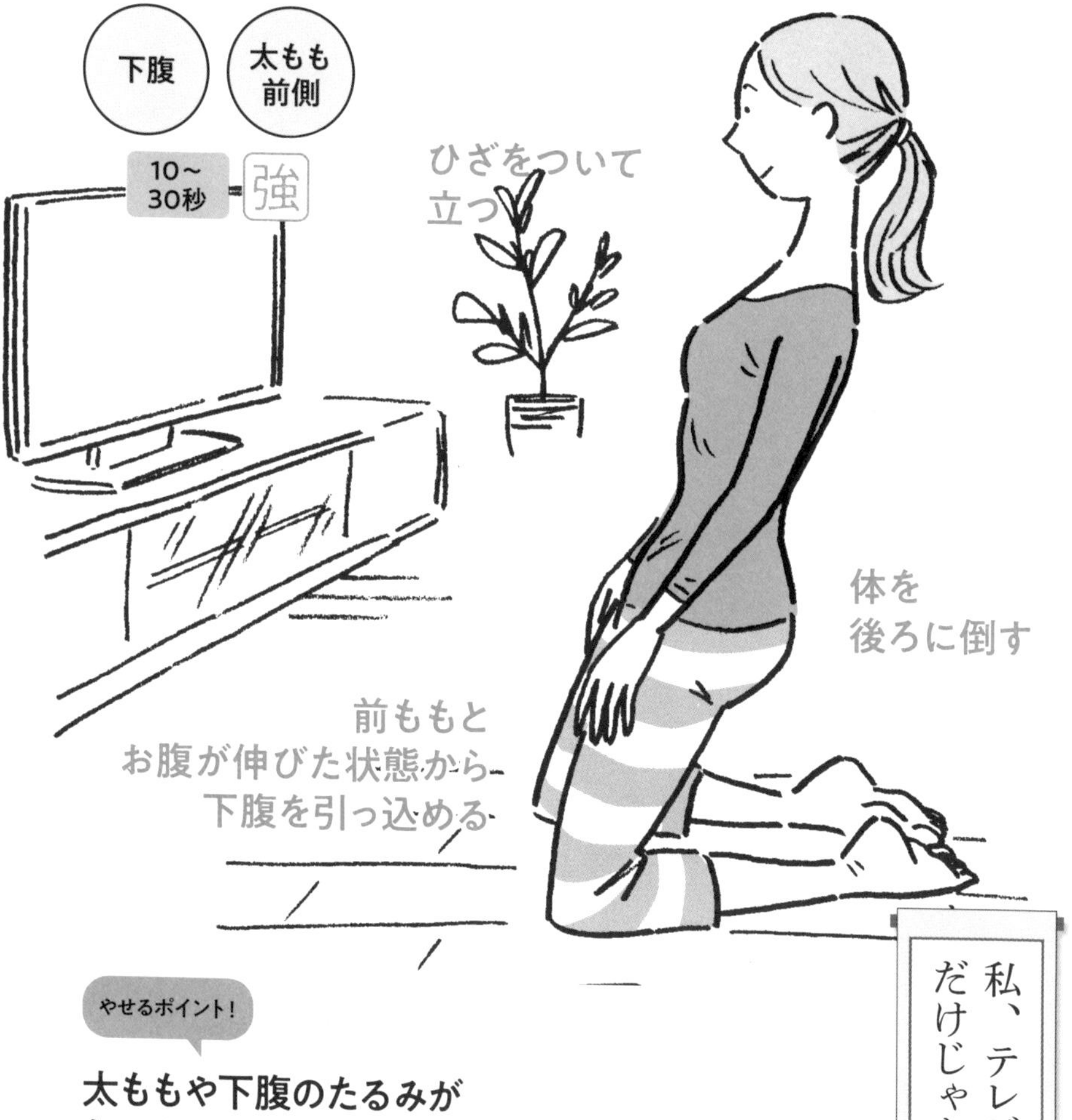
ひざをついて
立つ
体を
後ろに倒す
前ももと
お腹が伸びた状態から
下腹を引っ込める
私、テレビを見ているだけじゃないので

やせるポイント！

太ももや下腹のたるみが気になっている人はぜひ！

ひざをついてお腹をギュッと締め、体を少し後ろに倒すと、太もも の前側からお腹がグーッと引き伸ばされます。

倒れてしまわないようにがんばることが太ももにとっては負荷になり、お腹をさらに引っ込めようとすることで下腹に効かせることができます。

これでもOK！

ラクに座って脂肪を燃やす

正座から、体を後ろに倒してお腹を大きく引っ込めるのは、ひざ立ちで行うよりも太ももとお腹への負荷のかかり方がソフト。長めに行うと太ももやお腹のたるみとりに効果があります。

ただし、ひざに痛みを感じたら行わないでください。

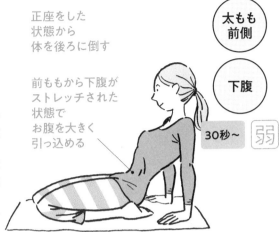

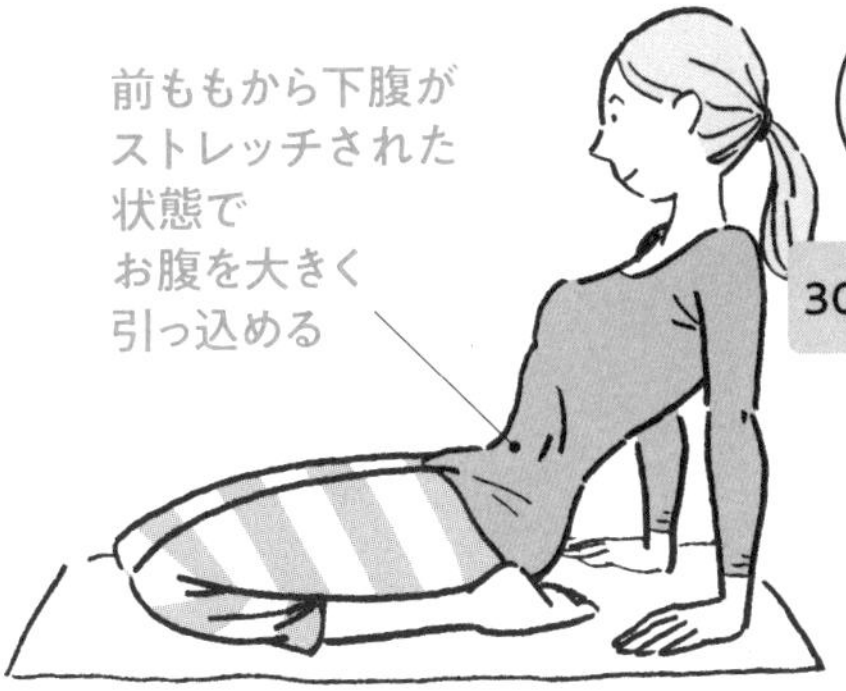
正座をした
状態から
体を後ろに倒す
前ももから下腹が
ストレッチされた
状態で
お腹を大きく
引っ込める
太もも
前側
下腹
30秒～
弱

これでもOK！

こっそり部分やせの達人は壁を使って下腹凹ませ

肩を壁についてもたれているだけかと思いきや、じつはお腹を突き出して伸ばした状態で下腹を引っ込めます。

まずは10秒、ギューッと引っ込めて下腹を刺激できるようになりましょう。

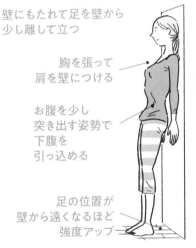

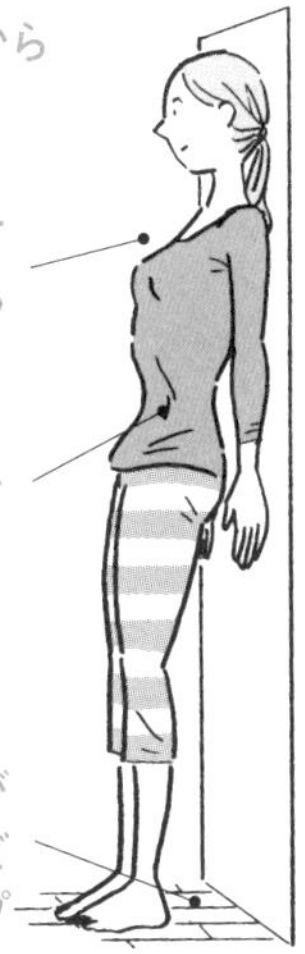
壁にもたれて足を壁から
少し離して立つ
胸を張って
肩を壁につける
お腹を少し
突き出す姿勢で
下腹を
引っ込める
足の位置が
壁から遠くなるほど
強度アップ
下腹
10秒～
数分
中

たるみを引き伸ばしながら下腹を引っ込める

山登りの下りがつらくて筋肉痛になる、と聞いたことがありますか？

なぜ上りは大丈夫なのに下りがつらいのでしょうか。

それは下り動作のとき、体が前に倒れてしまわないように後ろに体を倒しますがこのとき、太ももの前は伸ばされた状態で体重を支えなくてはいけないからなのです。

太ももの前側はわざわざストレッチでもしないかぎり、普段の生活の中で伸ばされる動きがほとんどないため、強く伸ばされるときつさを感じるというわけです。

太ももと下腹は連動して使われますから、効率のいい動きになります。

普通の腹筋運動とは効くところが違う！

お腹全体を凹ませる座り方

お腹
全体
~1分
強
床に座って
背中を丸めたまま
後ろに倒す
後ろに
倒すほど
強度アップ
お腹の気になるところを床に沈めるように引っ込めてキープ
太ももをつかむ

やせるポイント！

お腹を引っ込めておけなくなったら終了～

一見普通の腹筋運動のように見えますが、止まった状態で、自分が気になっているところを中心に効かせる動作です。この状態でひたすらお腹を引っ込めて、つらくなったら終了です。

急がば座れ

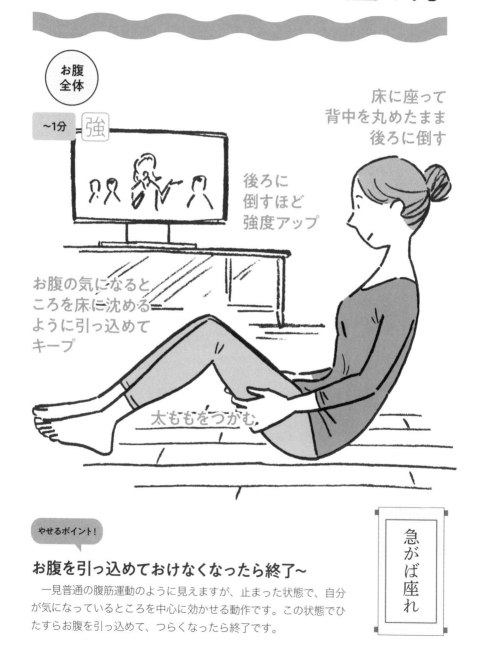

これでもOK！

じんわり引っ込めキープして脂肪を燃やそう

負荷が小さめなので、脂肪燃焼目的で長めに行うのにおすすめ。

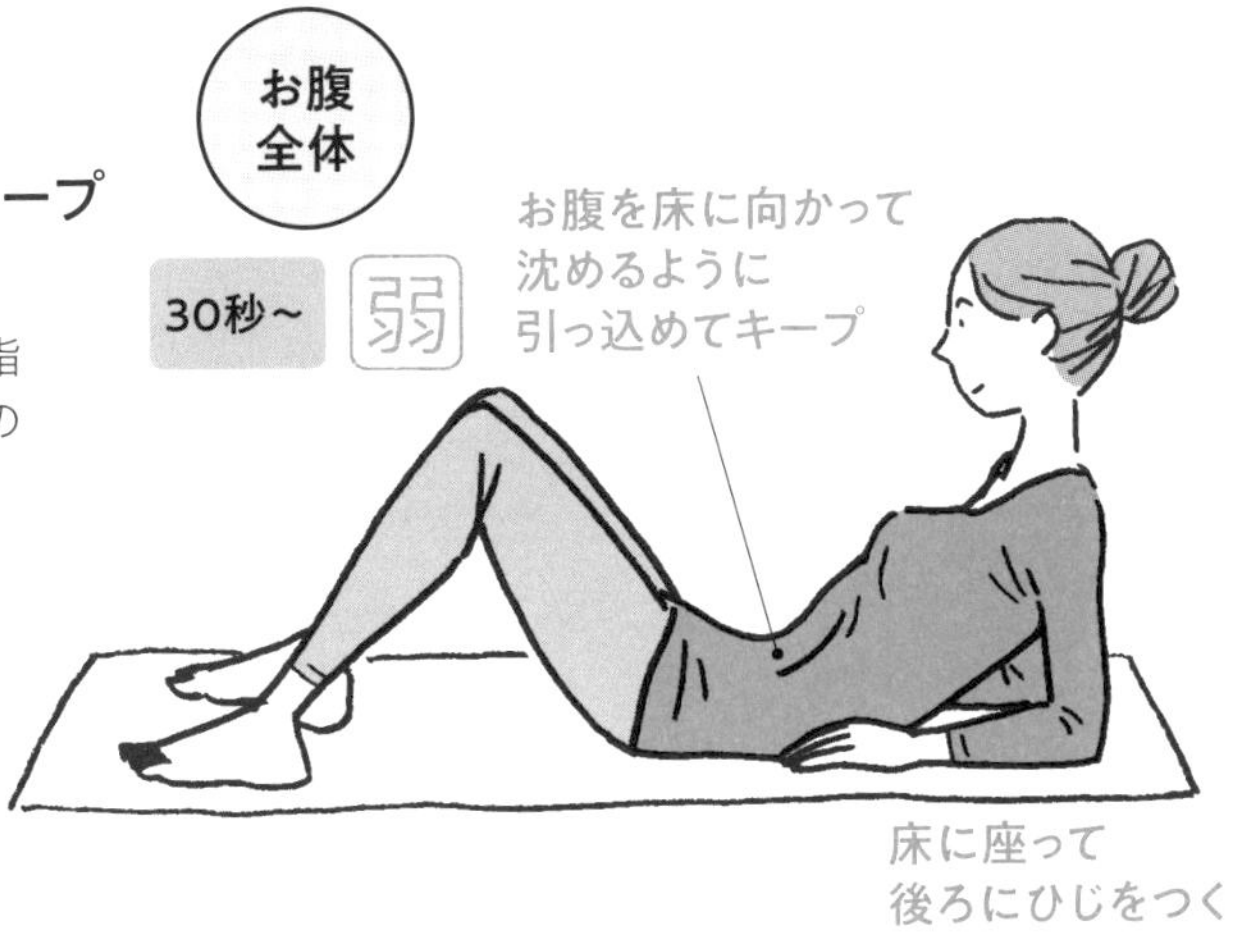
お腹全体
30秒～
弱
お腹を床に向かって沈めるように引っ込めてキープ
床に座って後ろにひじをつく

これでもOK！

筋肉をつけるとウエストが太くなる？

横に倒した太ももを抱え、お腹を引っ込め足を浮かせる動作で脇腹を使います。足を持ち上げるとお腹を引っ込めるどころではない場合は、足を上げずにお腹を引っ込めるだけにしましょう。筋肉のつきやすい人は、お腹に負荷をかけて鍛えると、ウエストが逆に太くなることがあります。ただひたすらに引っ込める原則を忘れずに！

太ももを抱えるのが難しい場合は、お尻のそばに手をつくとラクにできる
脇腹
左右各10～30秒
中
お腹を引っ込めて両足をわずかに浮かす
倒した太ももを手で抱えこむ

このテレビを見るときにはこれをやる！

「腹筋運動」ではお腹が細くならなくてやめちゃった。そんな声が多いのも無理はありません。腹筋運動で鍛えているのはシックスパックと呼ばれるお腹の中央にある縦長の筋肉だからです。

お腹を細くするならお腹回りを一周している腹巻状の筋肉を締まった状態に鍛えるほうが圧倒的に早いのです。見た目は似ていても、起き上がる腹筋運動とここで紹介しているお腹を引っ込める動作では使う筋肉が違うのですね。

「この番組を見るときにはこれをやる」と決めてしまうほうが「忘れちゃった！」を減らせます。

やせる人やせない人の
違いとは？
6

好きなものをガマンする人 vs しない人

大好きなものをガマンしている人はやせません。ストレスからかえってほかで食べ過ぎてしまうからです。

ご飯が大好物で夕食には2膳食べるという女性がいました。「1膳にすると最低でも3kgはやせると思いますよ、どうですか？」と聞いたら「ご飯を2膳食べられない人生なんて悲しすぎる！」とのこと。

結局、その方はご飯2膳のまま、ほかでストレスに感じないことを積み重ねて5、6kgやせました。

何をしたかというと、腰を少し落とした状態で歯みがきしたり、歩き方を変えたりしたのです。するとご家族から「トドのよう」と言われていたのが（泣）、うそのような引き締まった体型になりました。

いばらの道のダイエットは100%失敗すると言っても過言ではありません。できるのか、できないのか、やせる人は自分のことをよくわかっている人と言えるかもしれません。

第7章

夜
のルーティンに組み込む
やせる日常動作

朝シャン派の人は朝やってね〜

シャンプーで下腹集中改造

下腹
シャンプーが終わるまで
中
下を向き
背中を丸める
下腹を
えぐるように
引っ込める
凹まぬなら
動かしてみよ下腹を

やせるポイント!

下腹が動けば脂肪は落ちる!

　シャンプーするとき、背中を丸めて下腹を引っ込めるこの動作は、立って下腹を引っ込めようとしてもほとんどお腹が動かない人に特におすすめです。下腹の脂肪を落とすには、下腹を引っ込める力がないと始まりません。下を向いて背中を丸めるほど下腹は引っ込めやすくなるので、シャンプータイムはビッグチャンスです。

効果アップ！

片足を浮かせると下腹を意識しやすくなる

足を上げると下腹に力が入りやすくなるのですが、そこからさらに引っ込めることで効果アップ。

足を上げているのがつらければ、つま先を軽くついて行ってもOKです。

下を向き
背中を丸める
下腹を
えぐるように
引っ込める
片足を浮かせる
下腹
左右各
10秒～
中

これでもOK！

筋肉に力が入っているか確認

ひざを倒した状態でお腹を引っ込めると、脇腹の筋肉が使いやすくなります。

脇腹をつかんで、筋肉に力が入っているかを確認してください。

ひざを倒して
背中を丸めた状態で
見えている側の
脇腹を中心にお
腹を凹ませる
シャンプーの途中で
脇腹をつかんでみる
脇腹
左右各
10秒～
中

お腹をつかんだり押したりして下腹やせの扉を開けよう

やせているのに幼児体型、または下腹だけ出ている――そんな悩みはいくら食事に気をつけても解消しません。

なぜなら、下腹が出ているのは、普段の生活でお腹を引っ込める機会がないのが原因だからです。

お腹の筋肉がほとんど、もしくはあまり動かない場合には、手でつかんだり、指で強めに押したりしてみましょう。

筋肉は必ずあります！ 筋肉はあるけれど使っていなかったせいで使えなくなっているだけですから、そこに筋肉の存在が感じられるようになれば、下腹やせの扉が開いた印です。

声帯も筋肉って知っていましたか？

お風呂カラオケは腹やせ時間

お腹
全体

1曲～ 中

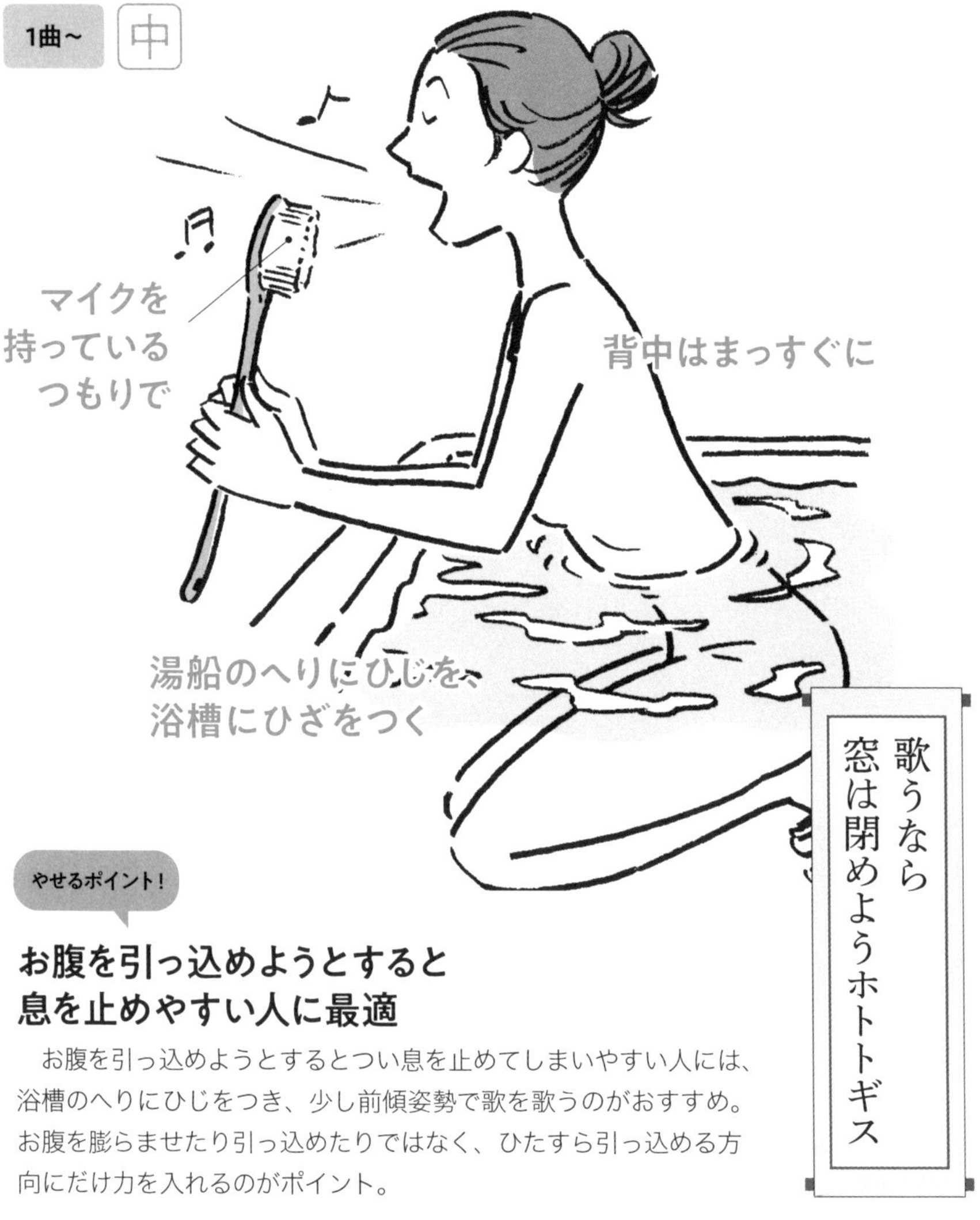
前傾姿勢で
お腹を凹ませたまま歌を歌う
マイクを
持っている
つもりで
背中はまっすぐに
湯船のへりにひじを、
浴槽にひざをつく
歌うなら
窓は閉めようホトトギス

やせるポイント！

お腹を引っ込めようとすると息を止めやすい人に最適

お腹を引っ込めようとするとつい息を止めてしまいやすい人には、浴槽のへりにひじをつき、少し前傾姿勢で歌を歌うのがおすすめ。お腹を膨らませたり引っ込めたりではなく、ひたすら引っ込める方向にだけ力を入れるのがポイント。

これでもOK！

お腹の動きの悪いところをチェック

浴槽の中でラクに横たわって、歌いながらお腹を引っ込めます。お腹がよく見える体勢なので、お腹の動きをよく観察するといいですよ。ラクな体勢なので、何曲でもどうぞ。

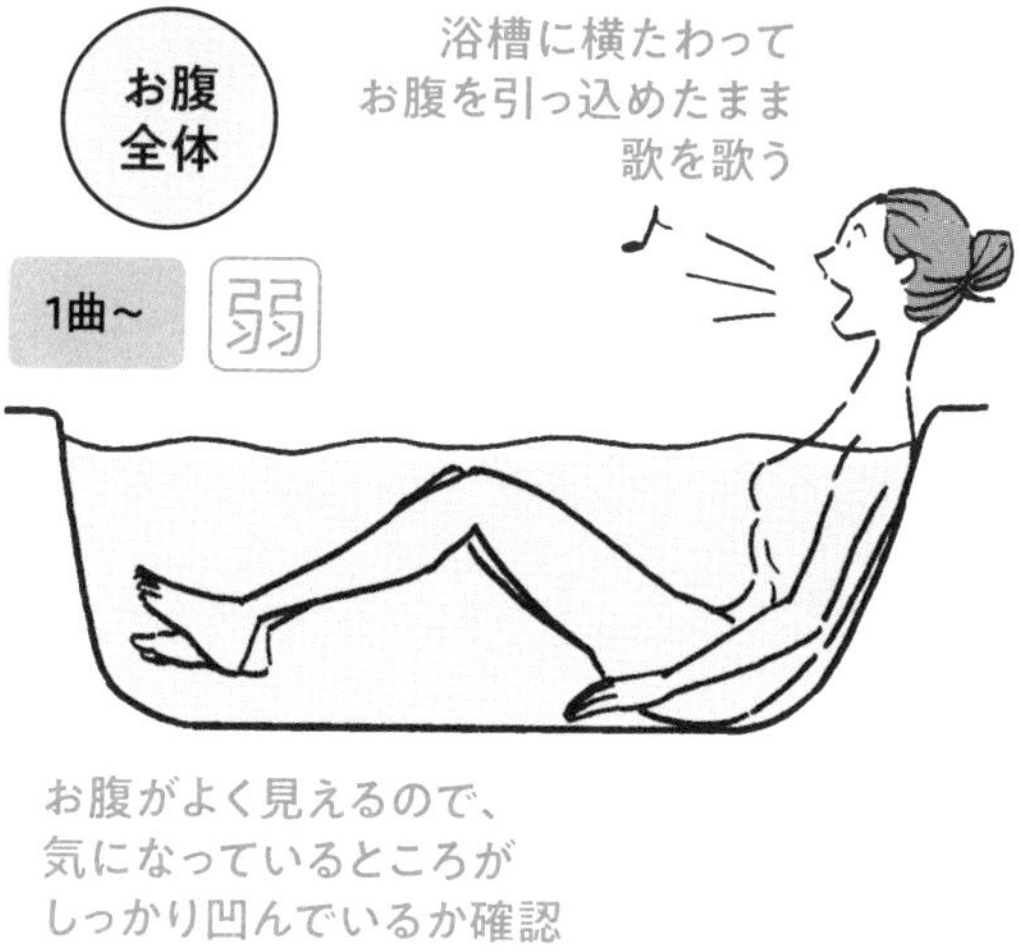
お腹全体
浴槽に横たわって
お腹を引っ込めたまま
歌を歌う
1曲～
弱
お腹がよく見えるので、
気になっているところが
しっかり凹んでいるか確認

これでもOK！

ラクに見えるけど消費カロリーもアップ

お風呂の中で横座りしてお腹を引っ込めて歌を歌うと、脇腹を中心にお腹回りの筋肉を使えます。お腹を引っ込めた状態で声を出すことで消費カロリーも増やせます。

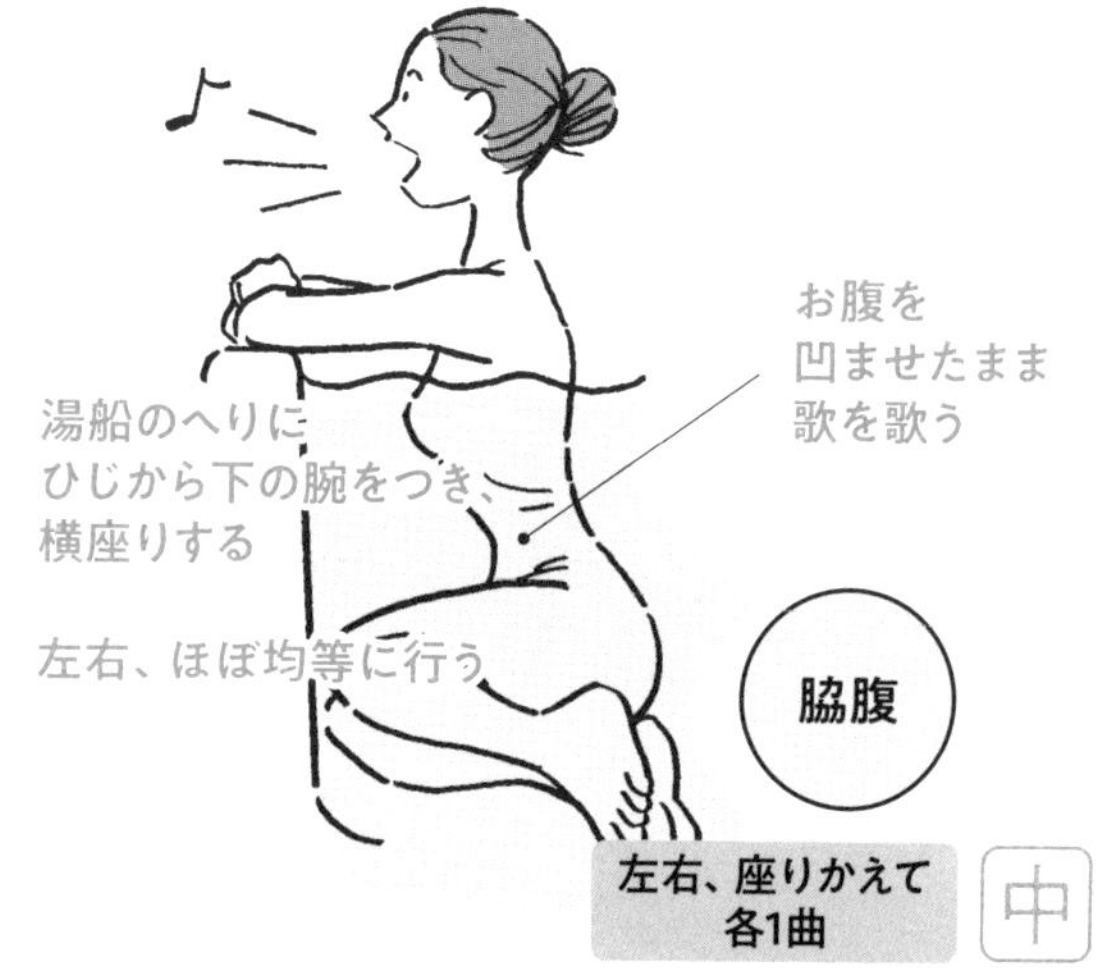
湯船のへりに
ひじから下の腕をつき、
横座りする
左右、ほぼ均等に行う
お腹を
凹ませたまま
歌を歌う
脇腹
左右、座りかえて
各1曲
中

体幹を使って消費カロリーもアップ！

歌に合わせてお腹を引っ込める動作は、なかなか楽しいものです。

お風呂で大きな声を出して歌うのも気持ちよいのですが、「大声を出すのはご近所迷惑かも……」などと、難しい場合があるかもしれません。その場合は、鼻歌でもOKです。

お風呂で行うと、お腹が凹んでいるかが一目瞭然なのでイチ押しですが、外でのカラオケの際にもぜひ試してみてください。背すじをまっすぐにして、お腹を引っ込めながら歌うと、全身が熱くなります。声帯も筋肉ですし、体幹を使って歌うと消費カロリーが上がるのを体で実感できますよ。

時間がかかるし、つまんないと思ってたけど！

ドライヤー中に足首やせ

足首

30秒～ 弱

しゃがんで
かかとを
高く上げる

足首は1日にしてならず

やせるポイント！

手ごわい足首をキュッと！

しゃがんだ状態でかかとを上げます。この動作はふくらはぎを太くすることなく、足首を引き締めるのに有効です。立ってつま先立ちをするのと比べると、体重がかかっていないぶん、ふくらはぎに負担はかからず、でも足首はキュッと細くなります。

効果アップ！

腰を落とした ドライヤー動作で たるみのない下半身に

しゃがんだ状態からお尻を持ち上げる動作は、下半身全体の引き締めに効きます。かかとを高く上げるのは、お腹と背中をバランスよく使う必要があります。けっこう難しいので、最初は低めに、またはかかとをついて行ってOKです。

グラグラしないように
バランスを取る
しゃがんだ状態から
お尻を持ち上げる
かかとを
無理のない程度に
持ち上げる
下半身
足首
10秒～
強

効果アップ！

足首重視で 下半身を引き締める

お尻を壁につけ、ひざを曲げてかかとをできるだけ高く上げます。ひざを曲げるほどきつくなり、伸ばすほどラクに行えます。自分にとって無理なくやりやすい位置で長めに行ってください。

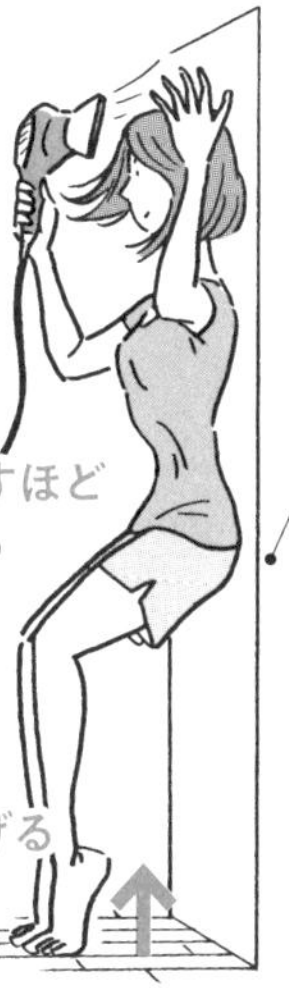
壁に
お尻をつける
ひざを伸ばすほど
ラクに行える
かかとを上げる
下半身
足首
10秒～
中

足首の脂肪はいちばん手ごわい

足首は本来よく動かす関節なので脂肪がつきにくいのですが、逆にいったん脂肪がつくといちばん落としにくい場所でもあります。

よく、立ってかかとを上げ下げする筋トレが「足首を細くする」と紹介されますよね。でもあれはじつは足首が細くなるというより、ふくらはぎが引き上がったり太くなったりすることで、足首が細く見えるという効果を狙ったものです。残念ながら、実際に細くなるわけではありません。

ハイヒールでふくらはぎの筋肉が太くなる人もいます。太くしたくない場合には極力ふくらはぎに体重をかけずに行うほうが無難です。

スキンケアついでにいいかも！

鏡を見たら目の下ぴくぴく

顔
1回10秒～
こまめに　長めに
弱
指の腹を
目の下にそっとあて、
薄目の状態で
白目をむく
慣れたら
指をあてずに
行う
片目ずつ
行ってもOK

やせるポイント！

目の下の脂肪、蟻の一歩で地道に燃やす

なくしたいのは涙袋ではなく、その下にある脂肪のふくらみです。目の下をぴくぴく動かせば、脂肪を落とせます。整形するよりは時間がかかりますが、安心安全な方法です。

安全第一、自力整形

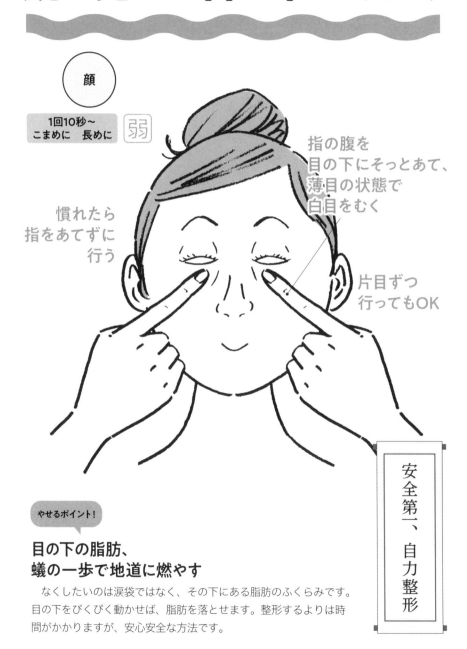

ここに注意！　逆効果のエクササイズもあるので必ず鏡でチェックを

フェイスエクササイズはWebなどで多数紹介されていますが、なかには望まない結果を生むものもあります。

必要のないところが力んでいたりしないか、必ず鏡でチェックするようにしましょう。

私は昔、あるフェイスエクササイズを行ったところ、１週間くらいのうちに何人もの人から「少し太りました？」と聞かれました。失敗に学ぶこともありますが、失敗する前に気をつけるほうがよいですね。

眉間やおでこに
しわが寄っている
＝しわの元
眉間に力が入ってしまう人は、指で眉間が寄らないよう眉間の間を広げながら行う
使いたい場所以外を力まない

目の下の脂肪を落とす方法

目の下のふくらみの正体が脂肪であるということをテレビのCMで知った私は、「なんだ、脂肪なら落とせるじゃないか！」と、目の下の筋肉をどうしたら使えるか研究しました。それで目の下をプルプルさせる手法を思いつき、ぼちぼちと行っていました。

ところが、事情により自分の体のケアどころではなく放置していたら、二の腕同様、目の下のふくらみも育っていることに気がつきました。

そこで目の下のプルプルを再開したところ、1年でふくらみは感じなくなりました。まったくきつくないし、効果を実感できるしでやめられなくなります。

「今日は動かなかった」の後悔も吹っ飛ぶ

おやすみ前に一発逆転！

全身

左右各
~30秒

中

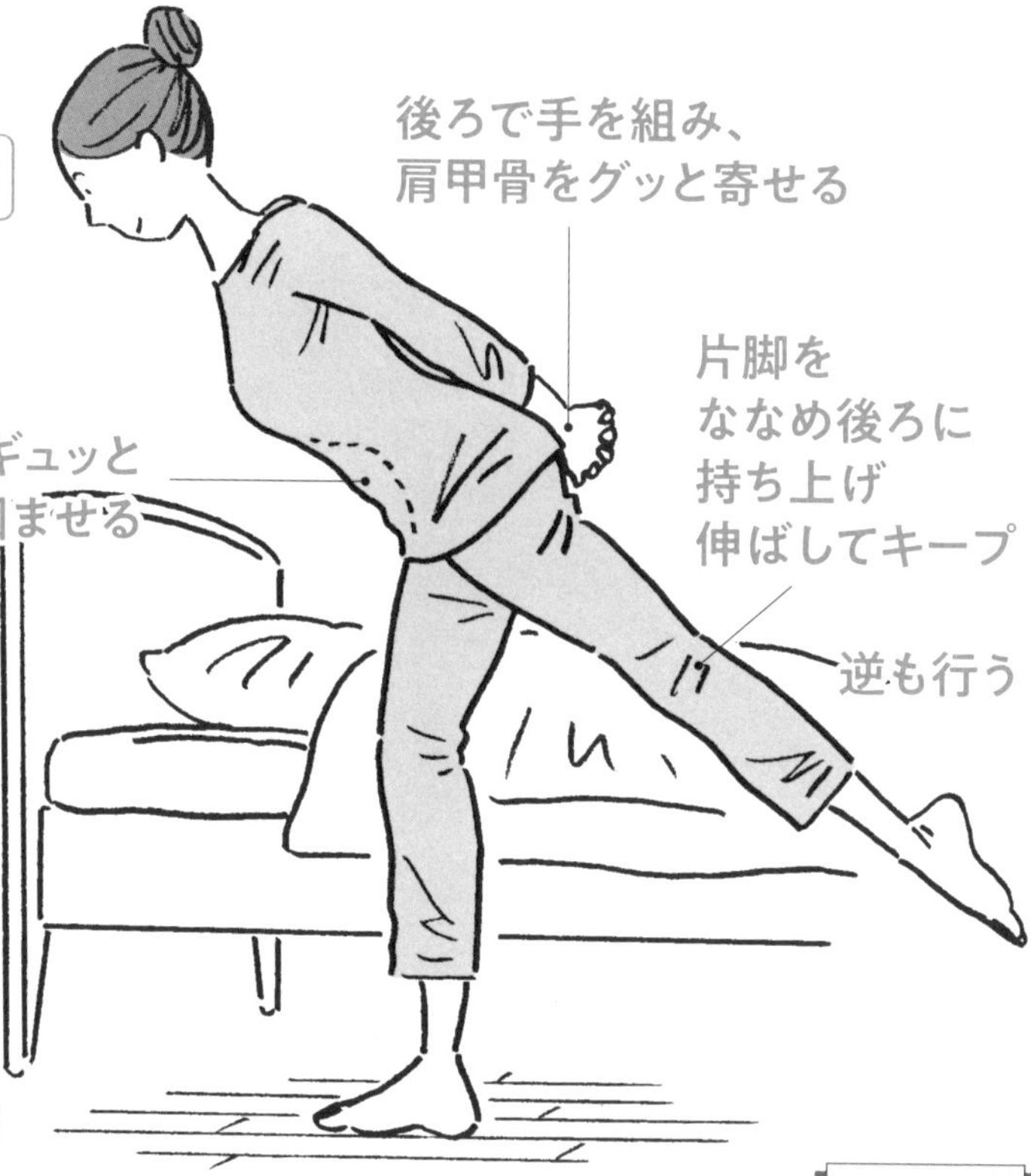
後ろで手を組み、
肩甲骨をグッと寄せる
片脚を
ななめ後ろに
持ち上げ
伸ばしてキープ
逆も行う
お腹をギュッと
凹ませる

やせるポイント！

寝る前、最後に1分！ ちょっとだけ頑張ってから寝る

この動作は、本書の中で紹介している大事な体の使い方をひとつにまとめたポーズです。

①背すじを伸ばして肩を引く力
②お腹を下腹まで大きく引っ込める力
③体重を支える脚力
④お尻を締めて脚を後ろに上げる力

これひとつだけでも続けて行えば、確実にスタイルがよくなります。

人生、美脚で立つ

これでもOK！

体型も体調もよくなる

　後ろで手を組み、背すじを伸ばしお腹をしっかりと凹ませて、後ろ足で床を押します。

　右ページの基本形でグラグラしながら行うようなら、こちらの簡単バージョンでしっかりと筋肉を使うほうが効果的です。

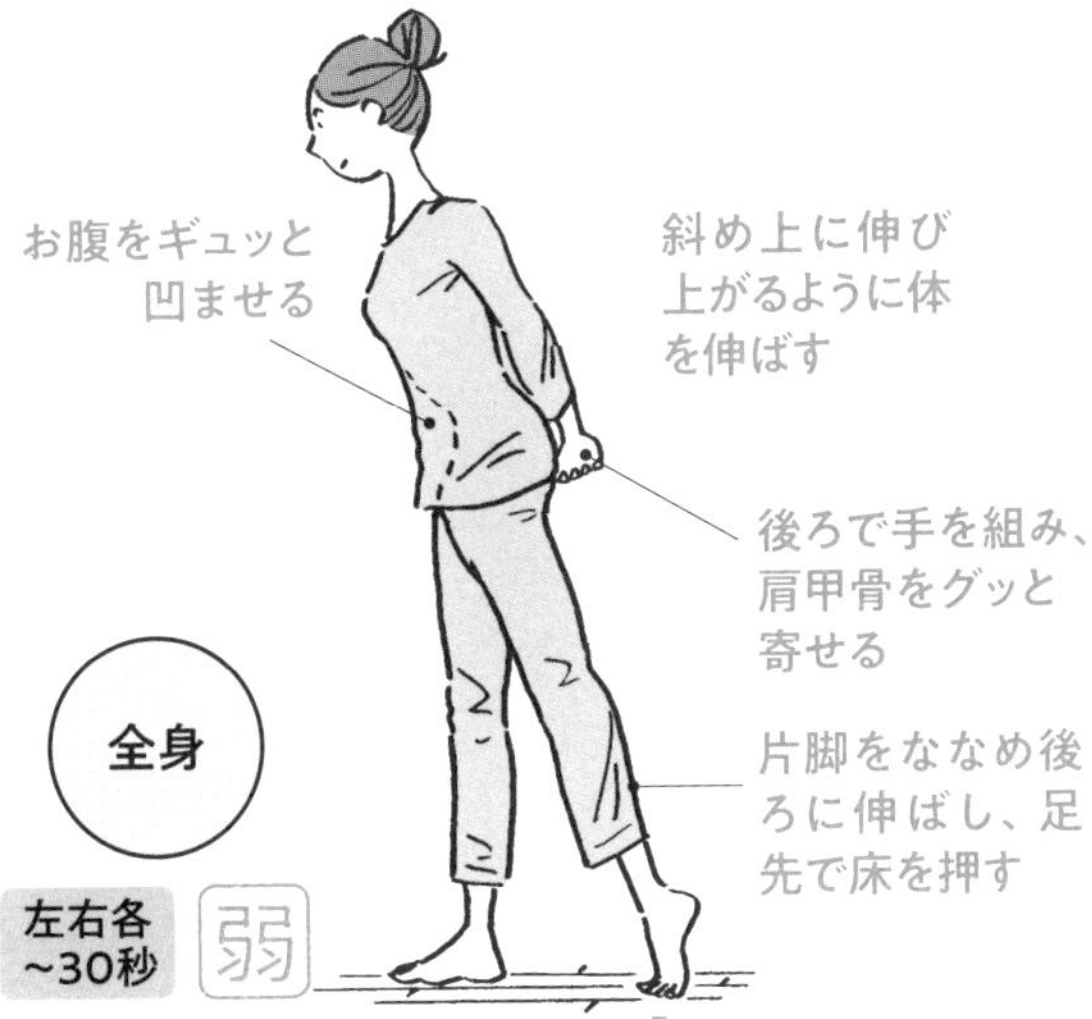
お腹をギュッと凹ませる
斜め上に伸び上がるように体を伸ばす
後ろで手を組み、肩甲骨をグッと寄せる
全身
片脚をななめ後ろに伸ばし、足先で床を押す
左右各~30秒
弱

効果アップ！

時間効率重視で自分史上最高のスタイルを目指す

　お腹と背中をしっかりと使いながら、片脚で立って体を床と水平にします。

　このポーズで得られるものはお金ではけっして買えません。

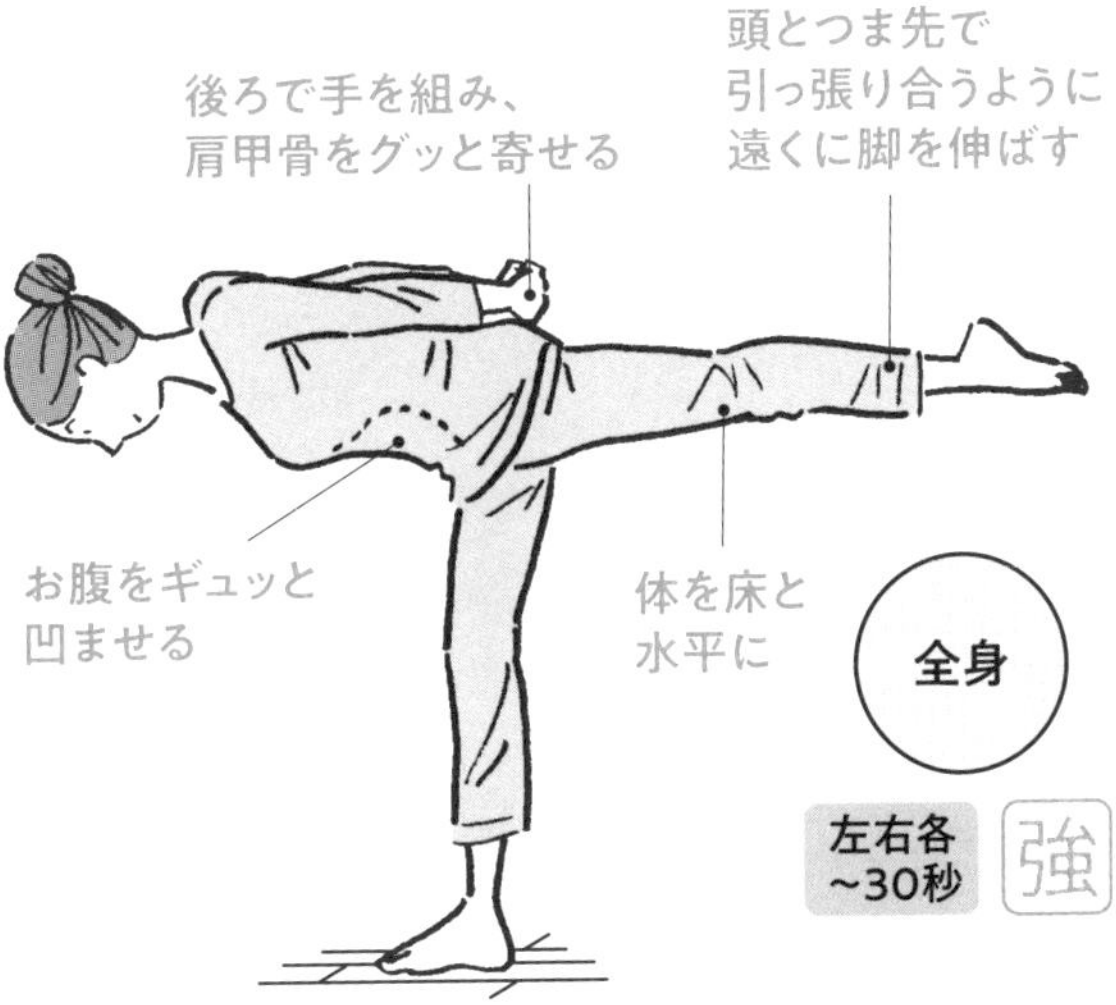
後ろで手を組み、肩甲骨をグッと寄せる
頭とつま先で引っ張り合うように遠くに脚を伸ばす
お腹をギュッと凹ませる
体を床と水平に
全身
左右各~30秒
強

1日1分といえどもその積み重ねはあなどれないものに

　これは私がかれこれ十数年続けているポーズです。

　気力が足りなくてできなかった時期も、お休みする日もあるけれど、一生やると決めています。

　人の体は年とともに衰えるから、衰えてほしくない力を使い続けることが大切です。1日1分といえども、その積み重ねは本当にあなどれないものになります。

　正直に言って、お金や時間をかけて好きでもない習い事をがんばるより、このポーズを地道に続けるほうがよいと思っています。最初からうまくできないのはまったく問題ありません。できないからこそ行う価値があるのです。

明日もいい日になりますように

寝る前に体のメンテナンス

お腹全体　太もも内側

10秒～　中

あおむけで
ひざを曲げた状態
で両脚を開く
腰がそらないように
お腹を引っ込める
お行儀が
悪いわけじゃないのよ

やせるポイント！

内ももを引き締め、股関節をやわらかく保つ

ひざを曲げ、両脚を開く動作では、脚の重みが内ももに負荷としてかかります。股関節を開いてお腹を凹ませるこの動作は内ももの引き締めと股関節の柔軟性アップ、尿トラブルの防止にも効果的です。

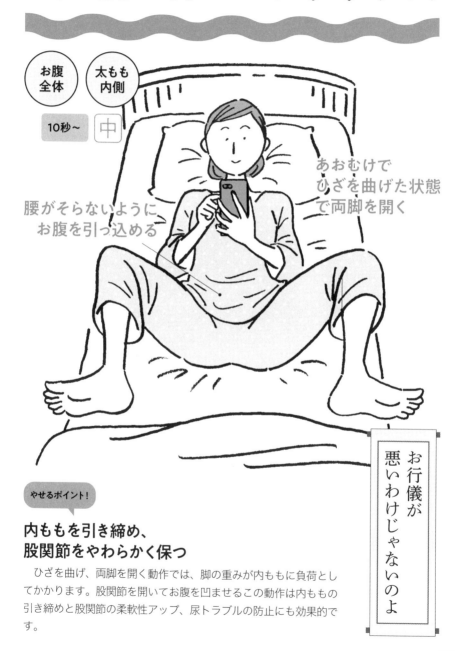

これでもOK！

内ももを伸ばし負荷をかけて引き締める

あおむけで、つま先を外に向けて上げる動作。きつめになりますが、時間効率重視の人は両脚同時に行ってみましょう。少しイタ気持ちのよいところで止めると、リンパや血の巡りがよくなります。

あおむけで
片脚を立てる
もう一方の脚はつま先を外側に向けた状態で斜め上に持ち上げる
お腹
全体
太もも
内側
左右各
10秒～
中

これでもOK！

その日のむくみはその日のうちに

太ももの筋肉を全体的に使います。立ち仕事をしている、夕方になると靴がきつく感じる、むくみがあるという人は寝る前の習慣にすることをおすすめします。むくみがとれるだけでも脚はほっそりします。上げた後、ついでにぶらぶらとゆすってから脱力するとより効果が実感できますよ。

つま先を前にして
垂直方向に
脚を上げる
片脚ずつでもOK
お腹
全体
太もも
前側
10秒～
中

日常動作で無理なく体のメンテナンスを

ここで紹介している動作は、寝る前に本を読んだり、スマホやテレビを見たりする人におすすめです。

お腹を引っ込めながら脚を上げることでリンパの流れもよくなり、むくみや脚の疲れがラクになるオマケ的な効果もあります。

つらいことやきついことは続けられなくても無理はなく、気持ちのよい動作は続きやすいです。両脚で行うときつさを感じるようなら、片脚ずつどうぞ。

寝る直前は、体のメンテナンス感覚でゆるめに伸ばして、まったり行うくらいがよいでしょう。

おやすみなさい、いい夢を。

逆引き索引

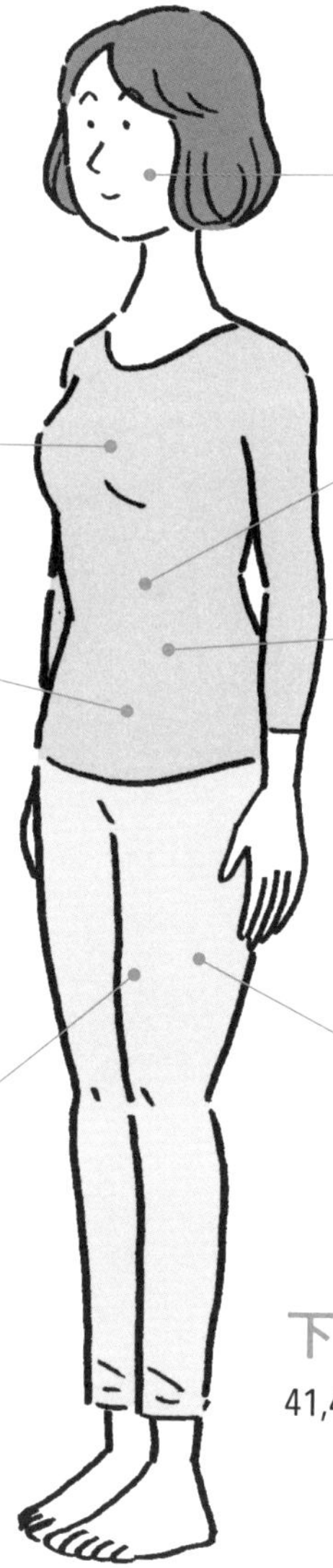

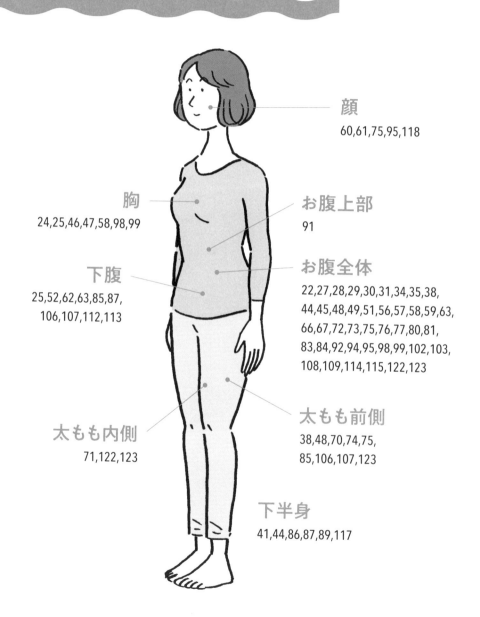

やせたい部分別

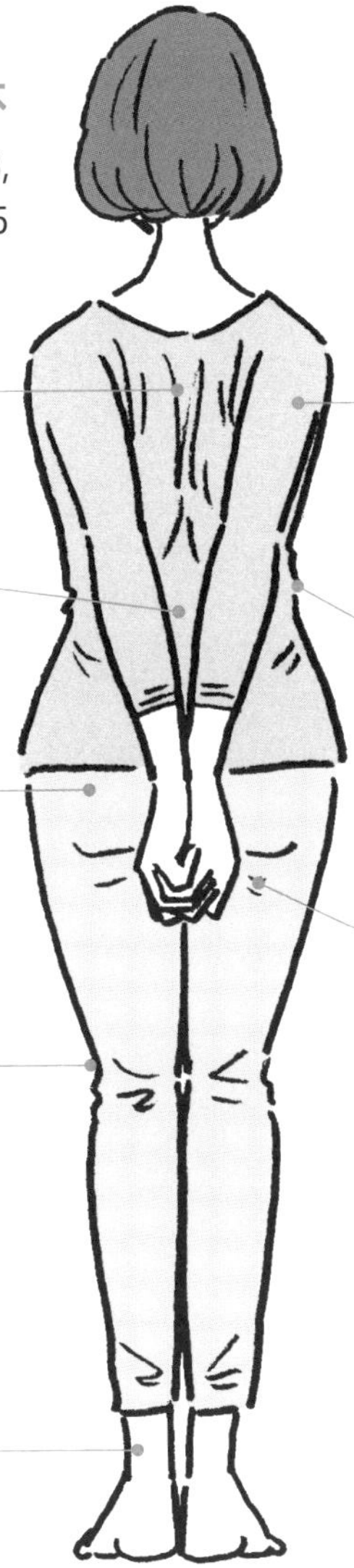

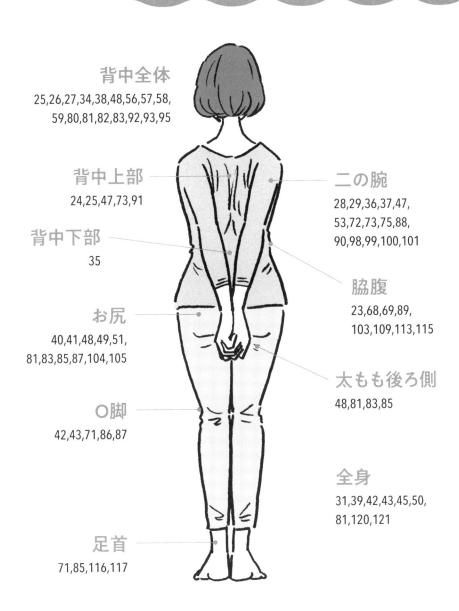